Jörg Krampe / Rolf Mittelmann

Rechtschreibspiele

ab Klasse 6

50 Kopiervorlagen zum Sichern und Erweitern der Rechtschreibfähigkeit

Auer Verlag GmbH

Gedruckt auf umweltbewusst gefertigtem, chlorfrei gebleichtem
und alterungsbeständigem Papier.

1. Auflage. 2003
Nach der Neuregelung der deutschen Rechtschreibung

Satz: Fotosatz H. Buck, Kumhausen
Druck und Bindung: Ludwig Auer GmbH, Donauwörth
ISBN 3-403-0**3720**-7

Jörg Krampe/Rolf Mittelmann

Rechtschreibspiele

ab Klasse 6

Kopiervorlagen

Sehr geehrte Damen und Herren,

im Zuge der Neuregelung der deutschen Rechtschreibung (1. 8. 2006) haben wir für Sie dieses Werk an die neuen Regeln angepasst.

Folgende Seiten wurden umgestellt und liegen diesem Werk bei:

Auer Verlag GmbH

Inhaltsverzeichnis

*** Spiele mit erhöhtem Schwierigkeitsgrad**

*** Spiele mit erhöhtem Schwierigkeitsgrad**

Inhaltsverzeichnis

*** Spiele mit erhöhtem Schwierigkeitsgrad**

*** Spiele mit erhöhtem Schwierigkeitsgrad**

Vorwort

Der Rechtschreibsicherheit wird in der Gesellschaft und damit in der Schule nach wie vor große Bedeutung zugemessen. Die Richtlinien aller Bundesländer sehen daher vor, dass die Kinder am Ende der Klasse 4 einen begrenzten *Grundwortschatz* sicher schreiben können. Aufgabe des Unterrichts in den Klassen 5 und 6 ist es, diesen Grundwortschatz zu sichern und den Fähigkeiten der Kinder entsprechend behutsam zu erweitern.

Neben der täglichen Rechtschreibübung nach dem Sprachgebrauch oder einem speziellen Lehrgang benötigen vor allem leistungsschwächere Kinder *zusätzliche Übungshilfen*, die einerseits durch entsprechende Gestaltung weit verbreiteter Lernunlust entgegenwirken, andererseits lehrplankonform bestimmte Rechtschreibschwierigkeiten thematisieren.

Die vorliegende Sammlung von 50 **Rechtschreibübungsspielen** erfüllt genau diese Forderung aus der Unterrichtspraxis: Die Übungen sind *sorgfältig nach den Inhalten der Klasse 6* zusammengestellt und methodisch in die bewährte Form von *Schreibspielen* gebracht. Das *fördert* die **Motivation** und erleichtert durch **Selbstkontrollmöglichkeiten** den *Einsatz bei innerer Differenzierung*, im *Förderunterricht*, bei *Wochenplan- und Freiarbeit*. **12 verschiedene Spielformen** sorgen für den Erhalt der Übungsbereitschaft. Bildmotive und die meisten Rätseltexte wurden dabei der bekannten „Fipps der Affe"-Geschichte von Wilhelm Busch entnommen, einmal um die Motivation zu fördern und andererseits in der Hoffnung, die Kinder (und die Lehrerinnen und Lehrer) zum „Wiederentdecken" dieser unterhaltsamen Literatur zu veranlassen. Damit wird die Reihe der Geschichten von Wilhelm Busch fortgesetzt, die mit dem entsprechend aufgebauten Band für die Klasse 5 mit „Max und Moritz" begonnen wurde. Originaltexte aus Buschs Werken wurden zu den Abbildungen bewusst unverändert übernommen, um die Kinder mit der Rechtschreibung, der Ausdrucksweise und der Schriftform jener Zeit bekannt zu machen. Dies können die Lehrerinnen und Lehrer zusätzlich zum Thema ihres Deutschunterrichts machen.

Diese Rechtschreibübungsspiele lassen sich **unabhängig von jedem Rechtschreiblehrgang** einsetzen.

Quelle für Bilder und Texte von Wilhelm Busch:
Busch, Wilhelm: Die Bildergeschichten,
Historisch kritische Gesamtausgabe, Band 3: Spätwerk
Wilhelm-Busch-Ges. e. V., Hannover, Schlütersche, 2002,
ISBN 3-87706-650-X

Spielregeln

Ausmalen

- Rechtschreibproblem (bei jedem einzelnen Wort) lösen.
- Wort oder Buchstaben richtig schreiben.
- Bestimmte Felder nach Anweisung ausmalen oder Lösungszahlen im Bildteil suchen und nach Anweisung einfärben.
- Selbstkontrolle: bei einfarbigen Bildern durch entsprechende Figur – bei mehrfarbigen Bildern Kontrolle durch Vergleichen!

Bilder aus Punkten

- Rechtschreibproblem lösen.
- Wort oder Buchstaben gegebenenfalls richtig schreiben.
- Bildpunkte in der Reihenfolge der zugeordneten Lösungszahlen bzw. nach besonderer Anweisung verbinden (Lineal).
- Selbstkontrolle: ein Bild!

Buchstabenfeld

- Im Buchstabengitter Wörter erkennen: Die Buchstaben der einzelnen Wörter stehen in der richtigen Reihenfolge neben- oder untereinander (Leserichtung von oben nach unten).
- Erkanntes Wort aufschreiben und entsprechende Gitterkästchen einfärben.
- Selbstkontrolle: Eingefärbte Gitterkästchen ergeben zusammen eine sinnvolle Figur.

Domino

- Dominoteile ausschneiden.
- Dominoteile so aneinander legen, dass Buchstaben (Silben bzw. Teilwörter) auf benachbarten Rändern (Dominoteilen) die geforderten Bedingungen erfüllen.
- Selbstkontrolle: gemeinsames, sinnvolles Lösungsbild aller Dominoteile!

Fehlertext

- Wörter nach falschen oder fehlenden Buchstaben durchsehen.
- Text fehlerfrei abschreiben, neu eingesetzte Buchstaben (an Stelle der falschen oder für fehlende) in der Textreihenfolge in Lösungszeilen notieren.
- Selbstkontrolle: Lösungssatz!

Geheimschrift

- Aufgabenstellung lösen und gegebenenfalls Wort noch einmal schreiben.
- Lösungsbuchstaben (evtl. Silben oder Wörter) aus Schlüssel oder nach Angaben im Spiel hinter den Wörtern (unter „Lösung“) notieren.
- Selbstkontrolle: Lösungswort oder -satz!

Ja-Nein-Spiel

- Aufgabenstellungen in den Quadraten gemäß den Anweisungen lösen.
- Den Pfeilen mit den richtigen Lösungen folgen.
- Einzelne Buchstaben oder Wörter in die Lösungskästchen unter dem Rätsel eintragen.
- Selbstkontrolle: Lösungswort oder -satz!

Kreuzworträtsel

- Wörter entweder einer vorgegebenen ungeordneten Liste entnehmen oder nach Bildern bzw. Umschreibungen finden.
- Wörter an passender Stelle in ein Gitter eintragen: je Buchstabe 1 Kästchen (Umlaute 1 Kästchen); Leserichtung von links nach rechts oder von oben nach unten.
- Selbstkontrolle: Buchstabenzahl = Kästchenzahl; vorgegebene Buchstaben passen in gefundenes Wort; Kontrolle einzelner Buchstaben am Schnittpunkt waagrecht und senkrecht notierter Wörter.
- Hinweis: Nur große Blockbuchstaben in Gitterkästchen notieren.

Memory

- Memoryteile ausschneiden.
- Teile verdeckt und nach Formen getrennt auslegen.
- Abwechseln je zwei Teile aufdecken.
- Prüfen, ob diese Teile im Sinne der Aufgabenstellung ein Wort ergeben: wenn ja, sind die Teile vom Spieler gewonnen;
  wenn nein: Teile genau an ihren Platz verdeckt zurücklegen.
- Kontrolle: durch Mitspieler! Selbstkontrolle: eindeutige paarweise Zuordnung (Striche)!
- Tipp: Partnerspiel; Sieger ist, wer die meisten Kartenpaare gewinnt.
- Tipp: Memoryteile auf Pappe kleben.

Puzzle

- Rechtschreibproblem lösen.
- Gegebenenfalls richtige Buchstaben einsetzen.
- Puzzleteile ausschneiden.
- Passende Puzzleteile (meist entsprechend der Lösungszahl) auf Spielplan auflegen.
- Selbstkontrolle: Bild!
- Tipp: aufkleben und ausmalen!

Quartett

- Spielkarten ausschneiden und an die Mitspieler gleichmäßig verteilen.
- Mitspieler fragen abwechselnd nach fehlenden Quartettkarten und nennen dabei die fehlende Wortform!
- Wenn Karte nicht vorhanden oder bei falscher Nennung, geht das Fragerecht an den nächsten Mitspieler weiter!
- Vollständige Quartette ablegen.
- Sieger ist, wer die meisten Quartette abgelegt hat.
- Kontrolle: durch die Mitspieler!
- Tipp: Spielkarten auf Pappe kleben.

Würfelspiel

- Reihum mit 1 Würfel würfeln.
- Spielstein entsprechend der Augenzahl vorwärts setzen.
- Passendes Wort suchen und entsprechend vor- oder zurücksetzen.
- Zusatzfelder regeln besondere Aufträge.
- Gewinner ist, wer als erster das Ziel genau erreicht.
- Kontrolle: durch die Mitspieler!
- Tipp: Vereinbaren, ob Hinauswerfen erlaubt sein soll.

Ch, Qu oder K am Wortanfang?

- Entscheide, ob die Wörter mit Ch, Qu oder K beginnen!
- Notiere die Wörter in der richtigen Schreibweise!
- Male im Bild die Felder mit den zugehörenden Zahlen mit einer Farbe (Bleistift) an!
- Selbstkontrolle: Bildfigur!

Der Fipps, das darf man wohl gestehn,
Ist nicht als Schönheit anzusehn.
Was ihm dagegen Werth verleiht,
Ist Rührig- und Betriebsamkeit.

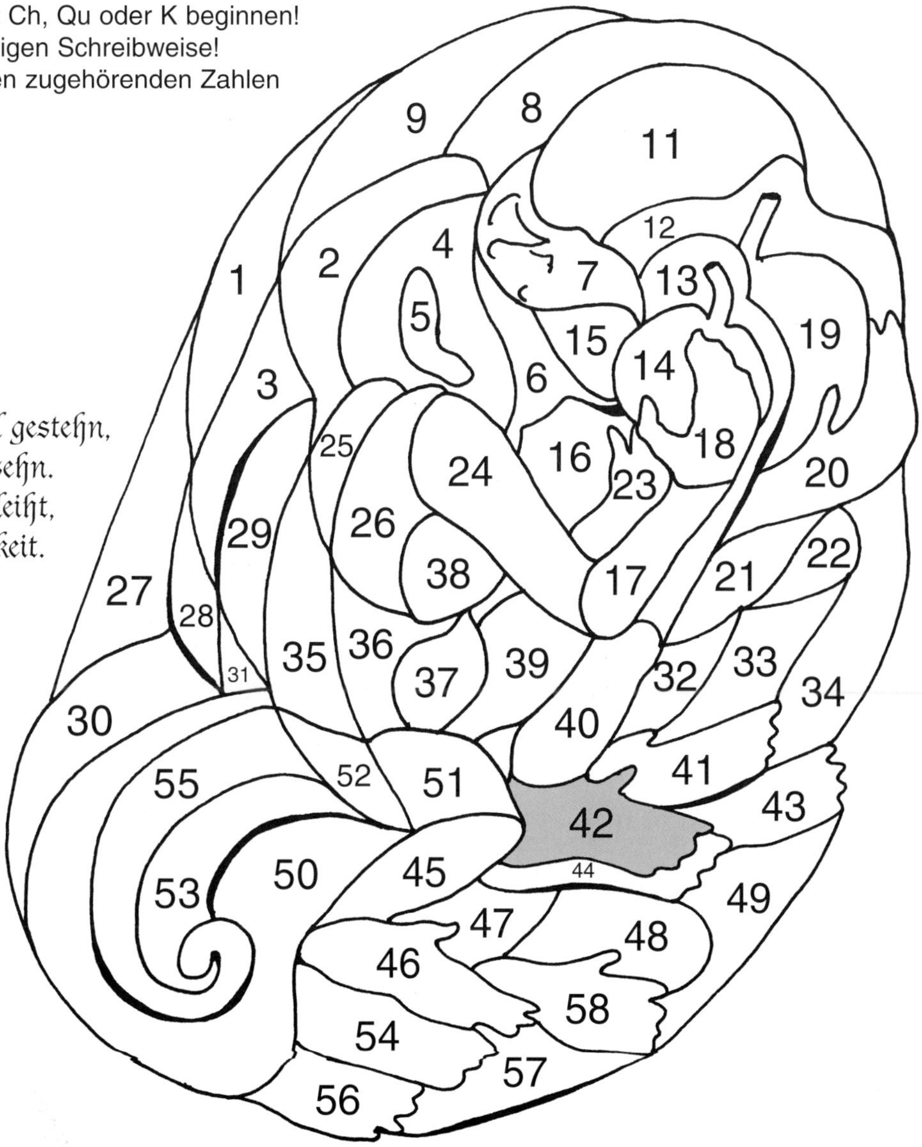

Wort	Ch	Qu	K	schreiben
__ristus	**42**	43	44	***Christus***
__lemme	8	10	14	
__linge	20	22	26	
__ina	39	41	43	
__arz	1	6	2	
__alität	43	45	42	
__irurg	35	32	31	
__lug	48	47	46	
__or	23	27	28	
__atsch	3	7	5	
__arakter	37	34	33	

Wort	Ch	Qu	K	schreiben
__alm	53	36	54	
__orb	12	11	18	
__rokus	28	27	24	
__ino	50	57	52	
__akao	1	3	4	
__ark	21	17	16	
__emie	38	48	49	
__ater	53	50	51	
__ugel	13	15	25	
__aos	40	41	44	
__ittung	56	55	58	

Lösungen:

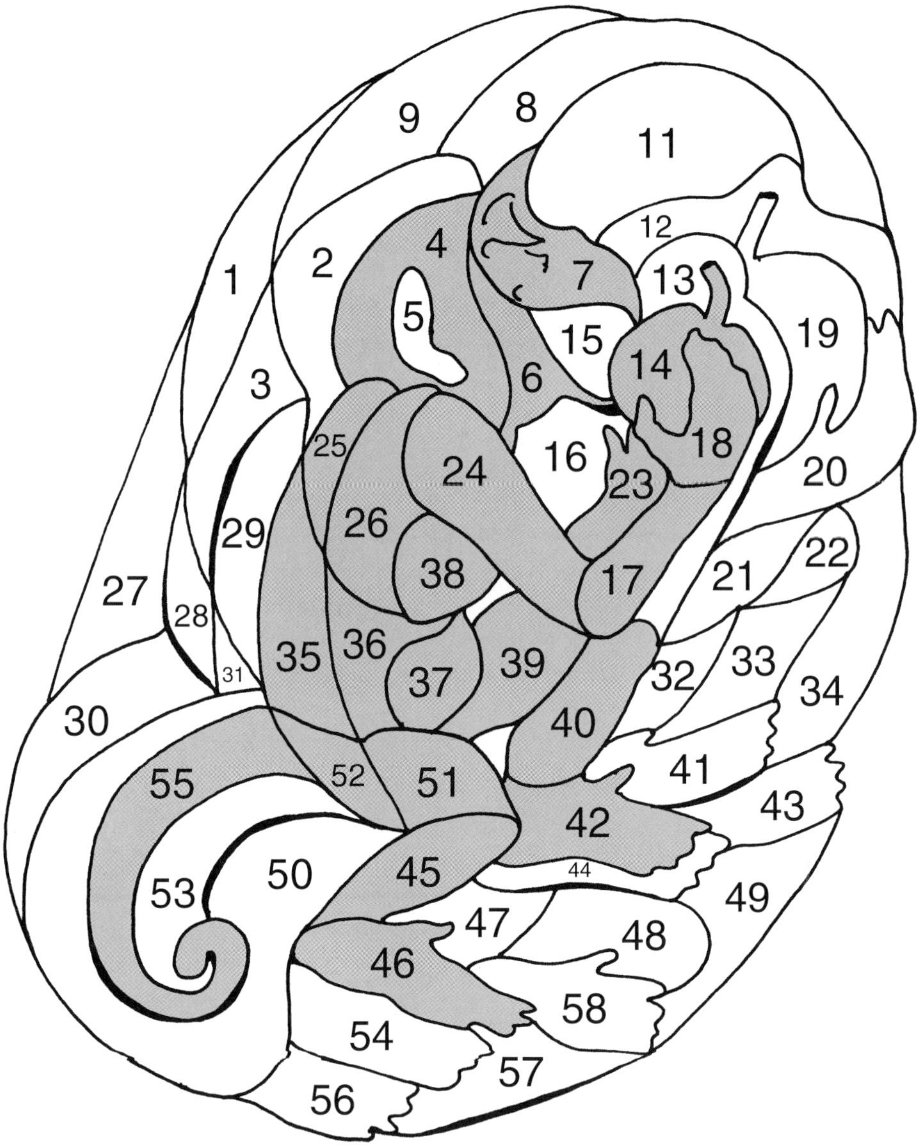

Wort	Ch	Qu	K	schreiben
__ristus	**42**	43	44	***Christus***
__lemme	8	10	14	***Klemme***
__linge	20	22	26	***Klinge***
__ina	39	41	43	***China***
__arz	1	6	2	***Quarz***
__alität	43	45	42	***Qualität***
__irurg	35	32	31	***Chirurg***
__lug	48	47	46	***klug***
__or	23	27	28	***Chor***
__atsch	3	7	5	***Quatsch***
__arakter	37	34	33	***Charakter***

Wort	Ch	Qu	K	schreiben
__alm	53	36	54	***Qualm***
__orb	12	11	18	***Korb***
__rokus	28	27	24	***Krokus***
__ino	50	57	52	***Kino***
__akao	1	3	4	***Kakao***
__ark	21	17	16	***Quark***
__emie	38	48	49	***Chemie***
__ater	53	50	51	***Kater***
__ugel	13	15	25	***Kugel***
__aos	40	41	44	***Chaos***
__ittung	56	55	58	***Quittung***

K-Laut: Wörter mit c, qu, k

Puzzleteile

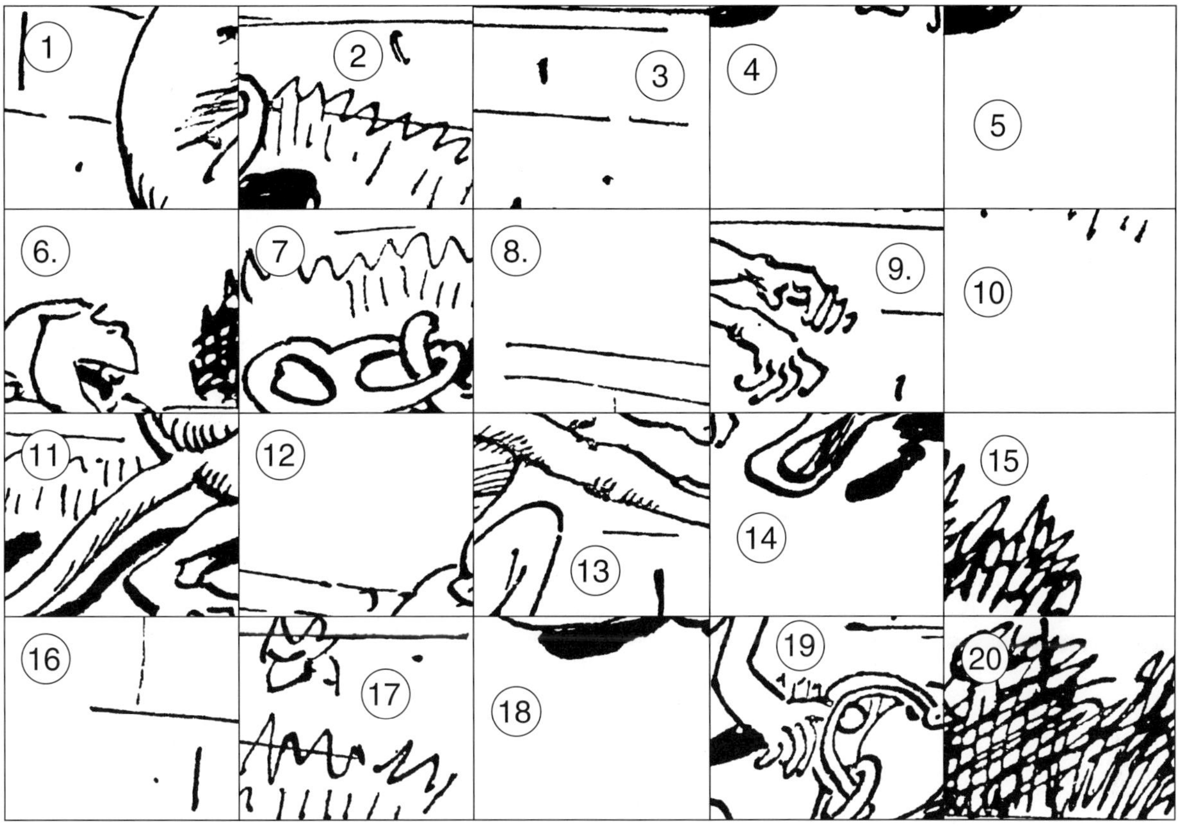

Spielplan

__amping C → 8 Qu → 4 K → 2	__aken c → 1 qu → 12 k → 3	__uss C → 9 Qu → 5 K → 6	__onto C → 7 Qu → 16 K → 20	__artett C → 18 Qu → 15 K → 12
__acksalber C → 19 Qu → 16 K → 18	__antität C → 11 Qu → 1 K → 7	__lever c → 13 qu → 7 k → 18	__lown C → 9 Qu → 11 K → 19	__omic C → 3 Qu → 5 K → 10
__ietschen c → 11 qu → 7 k → 19	__änguru C → 2 Qu → 17 K → 11	__ork C → 4 Qu → 18 K → 19	__omputer C → 2 Qu → 17 K → 5	__ola C → 17 Qu → 10 K → 18
__etschup C → 4 Qu → 14 K → 18	__ecksilber C → 5 Qu → 4 K → 6	__ubikmeter C → 10 Qu → 5 K → 14	__artier C → 3 Qu → 5 K → 10	__owboy C → 10 Qu → 12 K → 1

- Bestimme die Schreibweise der Wörter auf dem Spielplan und notiere die fehlenden Buchstaben!
- Schneide die Puzzleteile aus!
- Ordne nach den Schlüsselzahlen die Puzzleteile auf dem Spielplan!
- Selbstkontrolle: Bildfigur!
- Schreibe auch alle Wörter richtig in dein Heft!

Lösungen:

Camping C → ***8*** Qu → 4 K → 2	***qu***aken c → 1 qu → ***12*** k → 3	***K***uss C → 9 Qu → 5 K → ***6***	***K***onto C → 7 Qu → 16 K → ***20***	***Qu***artett C → 18 Qu → ***15*** K → 12
Quacksalber C → 19 Qu → ***16*** K → 18	***Qu***antität C → 11 Qu → ***1*** K → 7	***c***lever c → ***13*** qu → 7 k → 18	***C***lown C → ***9*** Qu → 11 K → 19	***C***omic C → ***3*** Qu → 5 K → 10
quietschen c → 11 qu → ***7*** k → 19	***K***änguru C → 2 Qu → 17 K → ***11***	***K***ork C → 4 Qu → 18 K → ***19***	***C***omputer C → ***2*** Qu → 17 K → 5	***C***ola C → ***17*** Qu → 10 K → 18
Ketschup C → 4 Qu → 14 K → ***18***	***Qu***ecksilber C → 5 Qu → ***4*** K → 6	***K***ubikmeter C → 10 Qu → 5 K → ***14***	***Qu***artier C → 3 Qu → ***5*** K → 10	***C***owboy C → ***10*** Qu → 12 K → 1

Wörter mit St, Sp oder Sch?

- Schneide die Dominoteile aus!
- Entscheide, ob die Wörter mit St, Sp oder Sch beginnen!
- Suche die passenden Dominoteile und lege sie jeweils **links** daneben. Zusammengehörende Wortteile stehen unmittelbar nebeneinander! Du kannst mit einem beliebigen Teil beginnen!
- Selbstkontrolle: Bildfolge!
- Schreibe auch alle Wörter richtig in dein Heft!

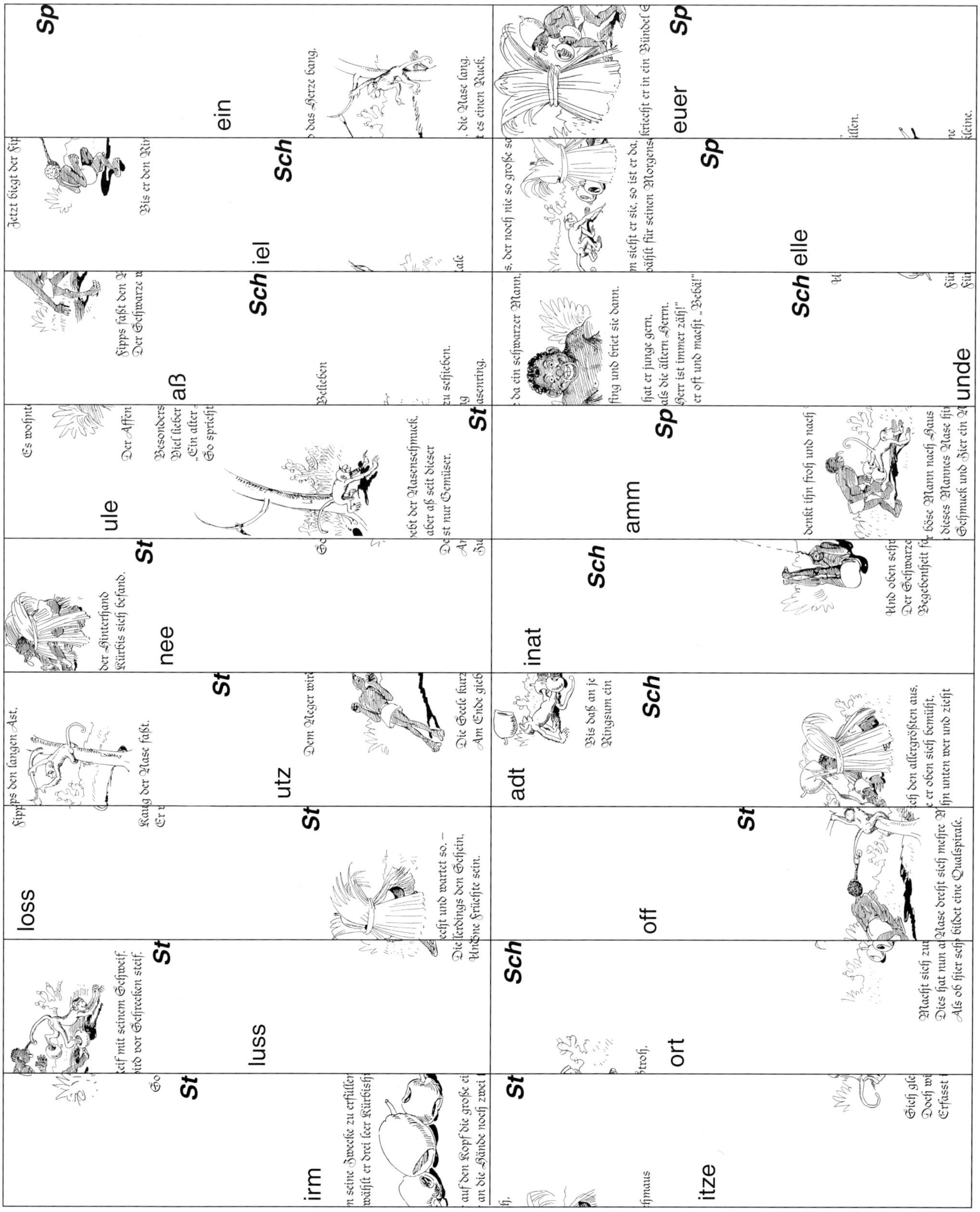

Lösungen:

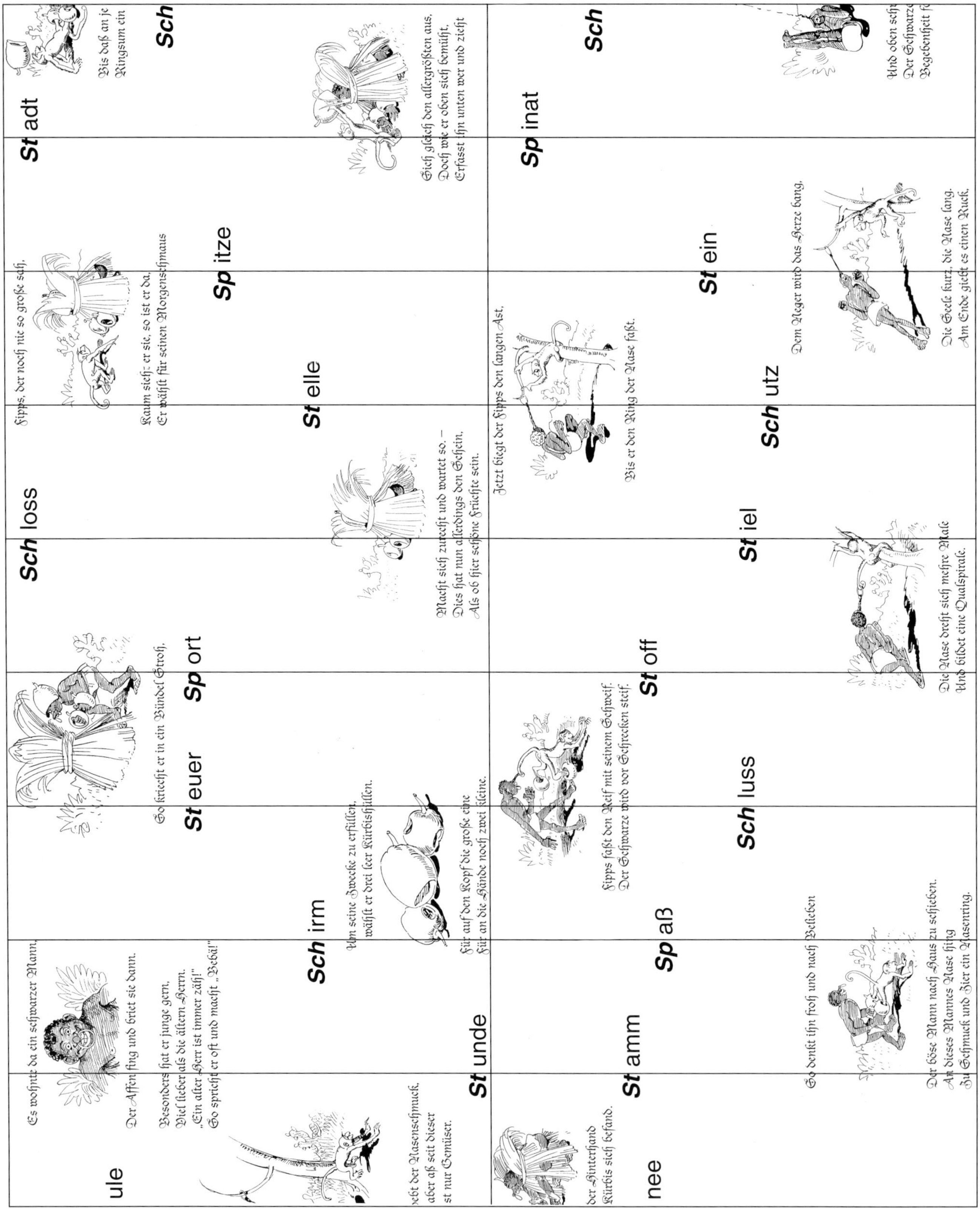
Es wohnte da ein schwarzer Mann,
Der Affen fing und briet sie dann.
Besonders hat er junge gern,
Viel lieber als die ältern Herrn.
„Ein alter Herr ist immer zäh!"
So spricht er oft und macht „Bebä!"
ule
So kriecht er in ein Bündel Stroh,
St euer
Sp ort
Sch loss
Fipps, der noch nie so große sah,
Raum sieht er sie, so ist er da,
Er wählt für seinen Morgenschmaus
Sp itze
St adt
Bis daß an je
Ringsum ein
Sch
Sch irm
Um seine Zwecke zu erfüllen,
wählt er drei leer Kürbishüllen.
Für auf den Kopf die große eine
Für an die Hände noch zwei kleine.
St elle
Macht sich zurecht und wartet so. –
Dies hat nun allerdings den Schein,
Als ob hier schöne Früchte sein.
Sich gleich den allergrößten aus,
Doch wie er oben sich bemüht,
Erfasst ihn unten wer und zieht
ebt der Nasenschmuck,
aber aß seit dieser
st nur Gemüser.
St unde
der Hinterhand
Kürbis sich befand.
Fipps faßt den Reif mit seinem Schweif.
Der Schwarze wird vor Schrecken steif.
Jetzt biegt der Fipps den langen Ast,
Bis er den Ring der Nase faßt.
Sp inat
Sch
St amm
nee
Sp aß
St off
St ein
Sch luss
St iel
Sch utz
So denkt ihn froh und nach Belieben
Der böse Mann nach Haus zu schieben.
An dieses Mannes Nase hing
Zu Schmuck und Zier ein Nasenring.
Die Nase dreht sich mehre Male
Und bildet eine Qualspirale.
Dem Neger wird das Herze bang,
Die Seele kurz, die Nase lang.
Am Ende giebt es einen Ruck.
Und oben sch
Der Schwarz
Begebenheit f

Wörter mit f, pf oder v?

- Entscheide, wie die folgenden Wörter geschrieben werden, notiere die fehlenden Buchstaben und unterstreiche die zugehörenden Zahlen!
- Verbinde danach die durch die Schlüsselzahlen angegebenen Punkte im Bild!
- Selbstkontrolle: vollständiges Bild!
- Schreibe auch alle Wörter richtig in dein Heft!

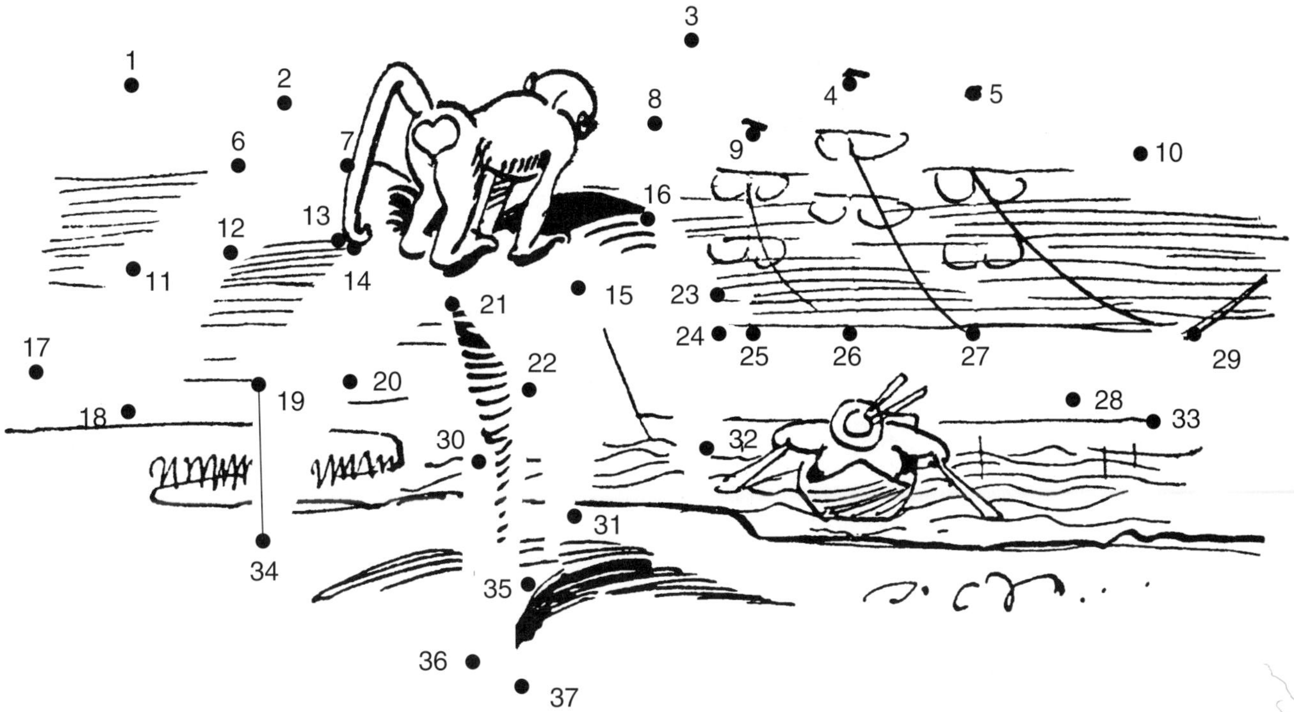

Ein großes Schiff liegt auf dem Meer;
Vom Schiffe schaukelt ein Kahn daher.

Wort	F / f	Pf / pf	V / v
***Pf**ad*	1–6	34–19	6–2
__leck	18–12	18–19	19–20
fün__	21–30	12–7	7–2
__effer	17–11	6–11	30–35
negati__	22–15	15–23	15–31
__ers	32–25	26–28	23–32
im__en	31–32	20–21	4–5
Ge__lügel	30–36	5–10	9–4
Detekti__	3–8	8–16	9–25
__laster	12–20	29–33	20–30
__ier	14–21	25–4	16–23
__ahne	22–31	10–29	5–10

Wort	F / f	Pf / pf	V / v
Un__all	11–18	34–14	14–15
__ahl	6–2	6–7	2–7
__racht	35–37	8–4	23–9
In__ektion	20–34	32–27	5–16
Dati__	2–12	2–6	35–22
__orlaut	2–13	30–22	21–22
__ingsten	17–20	15–32	6–2
__risch	12–13	18–20	18–30
__licht	37–32	5–27	28–33
Infiniti__	15–35	31–16	4–26
lie__	14–19	8–16	5–10
__remd	24–29	9–4	2–19

Lösungen:

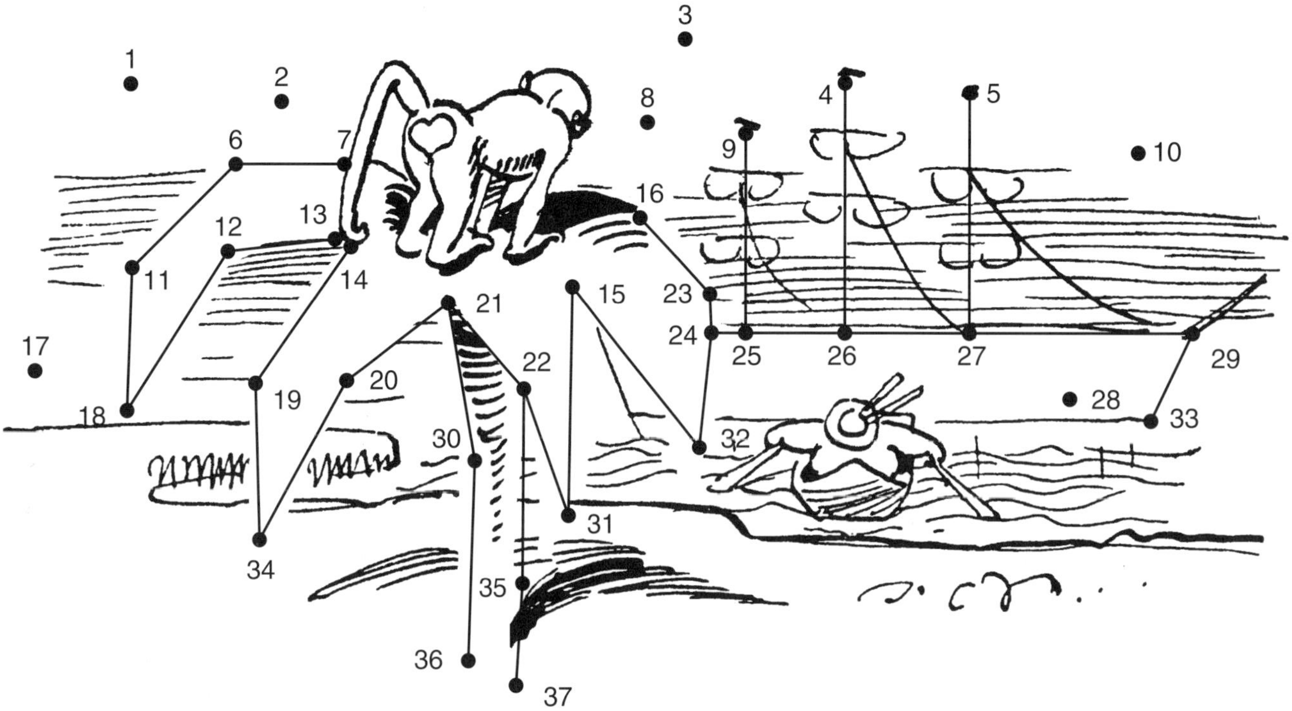

Wort	F / f	Pf / pf	V / v
Pfad	1–6	34–19	6–2
Fleck	18–12	18–19	19–20
fün***f***	21–30	12–7	7–2
Pfeffer	17–11	6–11	30–35
negati***v***	22–15	15–23	15–31
Vers	32–25	26–28	23–32
im***pf***en	31–32	20–21	4–5
Ge***f***lügel	30–36	5–10	9–4
Detekti***v***	3–8	8–16	9–25
Pflaster	12–20	29–33	20–30
vier	14–21	25–4	16–23
Fahne	22–31	10–29	5–10

Wort	F / f	Pf / pf	V / v
Un***f***all	11–18	34–14	14–15
Pfahl	6–2	6–7	2–7
Fracht	35–37	8–4	23–9
In***f***ektion	20–34	32–27	5–16
Dati***v***	2–12	2–6	35–22
vorlaut	2–13	30–22	21–22
Pfingsten	17–20	15–32	6–2
frisch	12–13	18–20	18–30
Pflicht	37–32	5–27	28–33
Infiniti***v***	15–35	31–16	4–26
lie***f***	14–19	8–16	5–10
fremd	24–29	9–4	2–19

Wörter mit -ng oder -nk?

Puzzleteile

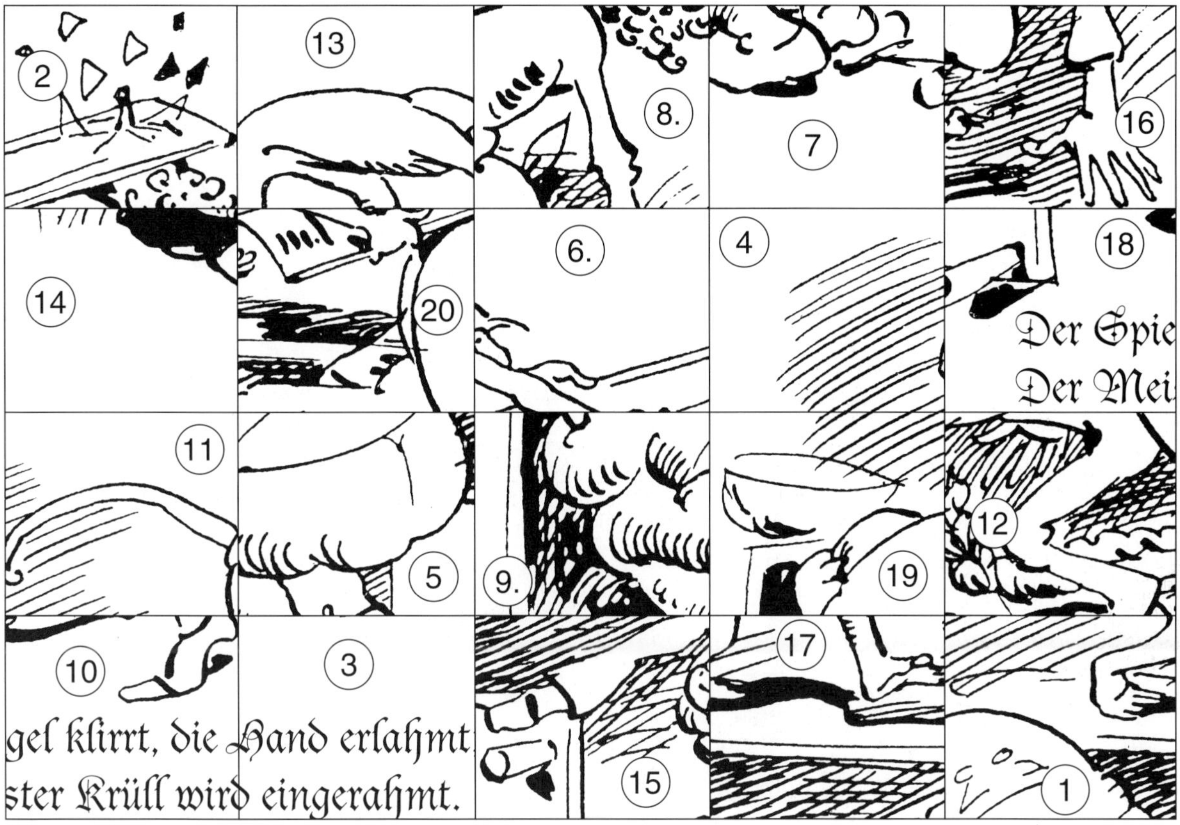

Spielplan

Ba__ ng: 6 nk: 4	kra__ ng: 8 nk: 11	Ra__ ng: 13 nk: 14	Fu__ ng: 2 nk: 6	Du__ ng: 2 nk: 18
stre__ ng: 19 nk: 7	Gesche__ ng: 9 nk: 1	Geträ__ ng: 1 nk: 17	Ga__ ng: 20 nk: 17	Kla__ ng: 8 nk: 3
Za__ ng: 5 nk: 9	la__ ng: 5 nk: 13	Tru__ ng: 4 nk: 15	ju__ ng: 12 nk: 10	e__ ng: 16 nk: 19
Ri__ ng: 14 nk: 16	Gele__ ng: 15 nk: 7	Gesta__ ng: 20 nk: 18	Gesa__ ng: 10 nk: 11	schla__ ng: 12 nk: 3

- Bestimme die Schreibweise der Wörter auf dem Spielplan und notiere die fehlenden Buchstaben!
- Schneide die Puzzleteile aus!
- Ordne nach den Schlüsselzahlen die Puzzleteile auf dem Spielplan und klebe sie auf!
- Selbstkontrolle: Lösungsbild!
- Schreibe alle Wörter richtig in dein Heft!

Lösungen:

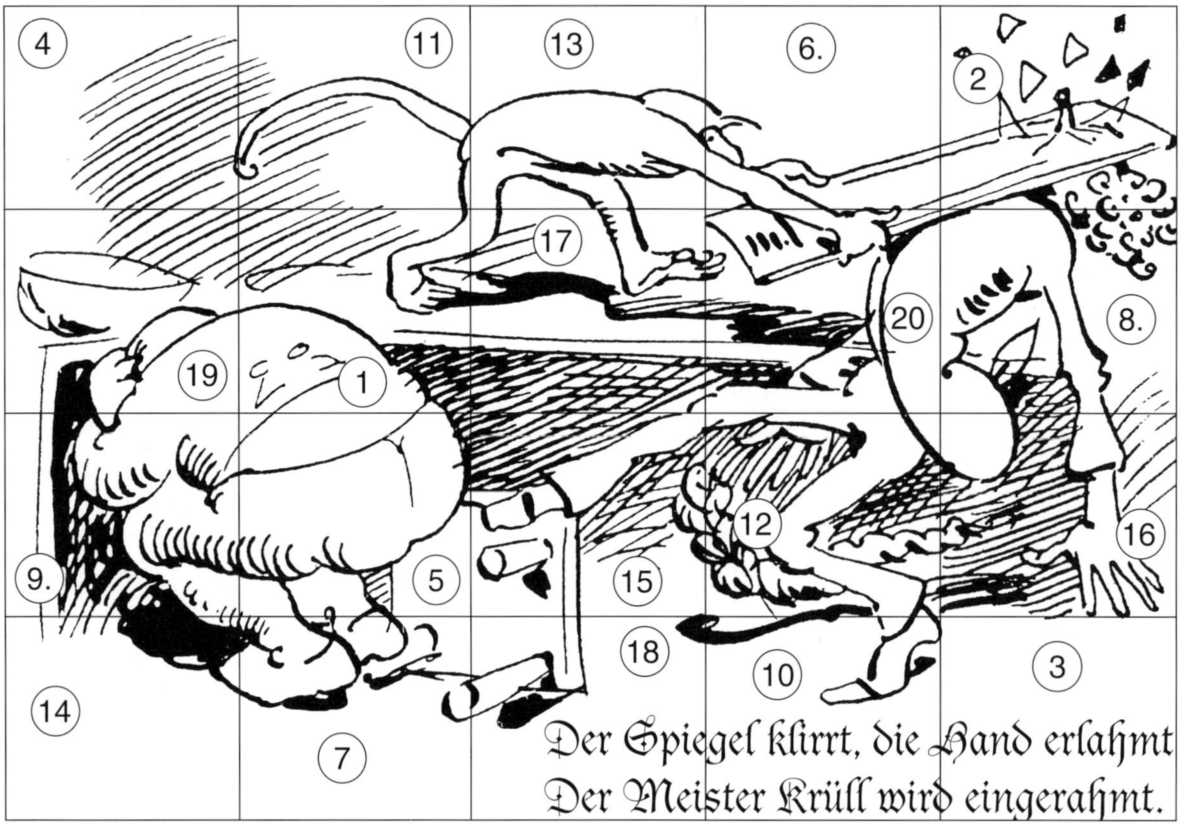

Ba***nk*** ng: 6 nk: ***4***	kra***nk*** ng: 8 nk: ***11***	Ra***ng*** ng: ***13*** nk: 14	Fu***nk*** ng: 2 nk: ***6***	Du***ng*** ng: ***2*** nk: 18
stre***ng*** ng: ***19*** nk: 7	Gesche***nk*** ng: 9 nk: ***1***	Geträ***nk*** ng: 1 nk: ***17***	Ga***ng*** ng: ***20*** nk: 17	Kla***ng*** ng: ***8*** nk: 3
Za***nk*** ng: 5 nk: ***9***	la***ng*** ng: ***5*** nk: 13	Tru***nk*** ng: 4 nk: ***15***	ju***ng*** ng: ***12*** nk: 10	e***ng*** ng: ***16*** nk: 19
Ri***ng*** ng: ***14*** nk: 16	Gele***nk*** ng: 15 nk: ***7***	Gesta***nk*** ng: 20 nk: ***18***	Gesa***ng*** ng: ***10*** nk: 11	schla***nk*** ng: 12 nk: ***3***

Wörter mit chs, x, cks, ks, gs?

- Entscheide, wie die Wörter (Spalte „Wort“) geschrieben werden!
- In den entsprechenden Buchstabenspalten findest du die Wörter eines Lösungsspruchs.
- Unterstreiche sie und trage sie unter der Tabelle ein!
- Selbstkontrolle: Lösungsspruch!
- Schreibe auch alle Wörter aus der Spalte „Wort“ richtig in dein Heft!

Wort	chs	x	cks	ks	gs
Lu***chs***	Wenn	Aber	Nicht	Immer	Jetzt
He___e	nun	wo	kann	er	nicht
E___e	was	Fipps	auch	bald	wo
rin___	geht,	laufen,	nun	ist	los,
schla___ig	sie	auch	darf	er	nie
mi___en	schlägt	darf	fehlen	wo	nicht
tri___en	was	weiß	nicht	auch	der
se___ (= 6)	fehlen;	Affe	gehen;	Fipps	dann
allerdin___	nun	er	wo	ihn	was
Kni___	ein	Haus	ihm	locken	sah
mur___en	unbeliebt,	allein,	gesehen,	beliebt,	nett
Te___t	dass	das	was	heute	Doktor
A___t	in	muss	dann	diesen	Bösewicht
Ko___	einen	für	aber	er	kann
Kle___	Fipps	der	stehlen.	er	heute
anfan___	Hund.	leeren	wird	bellt	Wenn
Da___	wer	Hühner	Es	immer	wenn
Fa___	er	was	dringend	macht	los,
Pra___is	nie	macht,	kann	Essen	in
mitta___	Ruhe	aber	wir	geht	er
Kna___	dann	beliebt	macht	ihm	fehlen.
A___e	es	Das	Brezen	und	immer
Bü___e	nach;	wenn	trägt	Reih	die
E___emplar	Sorge:	und	Fipps	Garten	Zaun
lin___	„Was	aber	in	Bosheit	dumm
Ke___	geht	rappelt	wirklich	ist	nicht
flu___	das	da?“	immer	in	sein
Wa___	Lieblingsfach.	Krapfen.	Mandeln.	Sprache.	Ende.

Lösungsspruch:

Wenn

Fipps hat sich einen Knochen stibitzt,
Wo auch noch ziemlich was drannen sitzt.

Aus: Krampe/Mittelmann: Rechtschreibspiele ab Klasse 6
Auer Verlag GmbH, Donauwörth · Als Kopiervorlage freigegeben

Lösungen:

Wort	chs	x	cks	ks	gs
Lu***chs***	Wenn	Aber	Nicht	Immer	Jetzt
He***x***e	nun	wo	kann	er	nicht
E***chs***e	was	Fipps	auch	bald	wo
rin***gs***	geht,	laufen,	nun	ist	los,
schla***ks***ig	sie	auch	darf	er	nie
mi***x***en	schlägt	darf	fehlen	wo	nicht
tri***cks***en	was	weiß	nicht	auch	der
se***chs*** (= 6)	fehlen;	Affe	gehen;	Fipps	dann
allerdin***gs***	nun	er	wo	ihn	was
Kni***cks***	ein	Haus	ihm	locken	sah
mur***ks***en	unbeliebt,	allein,	gesehen,	beliebt,	nett
Te***x***t	dass	das	was	heute	Doktor
A***x***t	in	muss	dann	diesen	Bösewicht
Ko***ks***	einen	für	aber	er	kann
Kle***cks***	Fipps	der	stehlen.	er	heute
anfan***gs***	Hund.	leeren	wird	bellt	Wenn
Da***chs***	wer	Hühner	Es	immer	wenn
Fa***x***	er	was	dringend	macht	los,
Pra***x***is	nie	macht,	kann	Essen	in
mitta***gs***	Ruhe	aber	wir	geht	er
Kna***cks***	dann	beliebt	macht	ihm	fehlen.
A***chs***e	es	Das	Brezen	und	immer
Bü***chs***e	nach;	wenn	trägt	Reih	die
E***x***emplar	Sorge:	und	Fipps	Garten	Zaun
lin***ks***	„Was	aber	in	Bosheit	dumm
Ke***ks***	geht	rappelt	wirklich	ist	nicht
flu***gs***	das	da?“	immer	in	sein
Wa***chs***	Lieblingsfach.	Krapfen.	Mandeln.	Sprache.	Ende.

Lösungsspruch:

Wenn wo was los, er darf nicht fehlen;
was ihm beliebt, das muss er stehlen.
Wenn wer was macht, er macht es nach;
und Bosheit ist sein Lieblingsfach.

Wörter mit k – ck, z – tz?

- Entscheide, wie die folgenden Wörter geschrieben werden und notiere sie in der letzten Spalte!
- Unterstreiche die zu den richtigen Buchstaben gehörenden Zahlen!
- Verbinde danach die durch die Schlüsselzahlen angegebenen Punkte im Bildteil!
- Selbstkontrolle: vollständiges Bild!

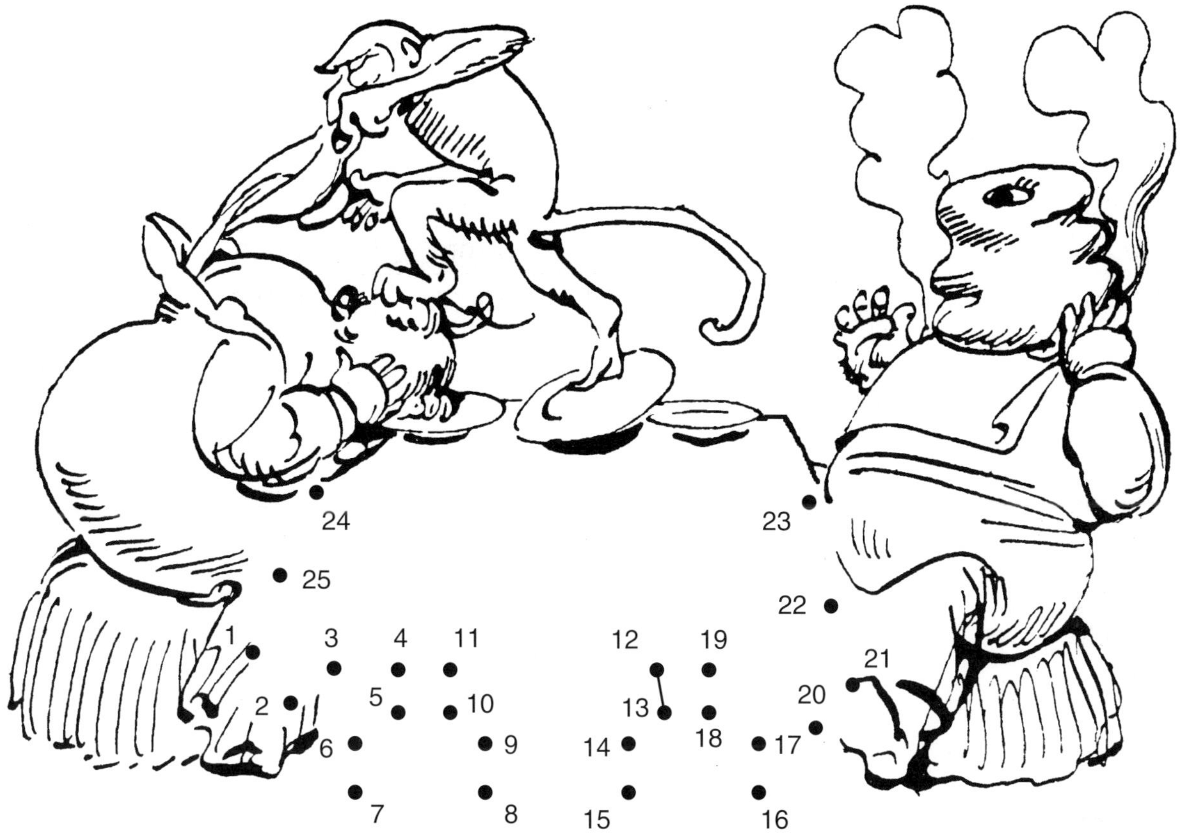

Wort	k	ck	richtig geschrieben
Zu**ck**er	3–4	12–13	***Zucker***
Flo__e	9–16	24–25	
Mar__e	1–2	19–21	
Bli__	8–15	15–16	
Bir__e	22–23	4–25	
dan__en	21–22	4–5	
Stre__e	11–19	11–12	
par__en	1–25	19–22	
star__	13–14	20–22	
On__el	11–10	9–12	
So__en	14–16	3–4	
Do__tor	18–19	8–15	
pün__tlich	9–10	8–16	

Wort	z	tz	richtig geschrieben
Fra__e	13–19	16–17	
bli__en	4–6	7–8	
Kreu__	2–3	2–11	
Wur__el	23–24	7–16	
Tan__	20–21	9–16	
Ka__e	23–25	14–15	
War__e	4–5	13–15	
Kran__	17–18	4–16	
Mär__	8–9	1–11	
Tro__	12–16	6–7	
Sa__	14–16	19–20	
Klo__	4–19	5–6	

Lösungen:

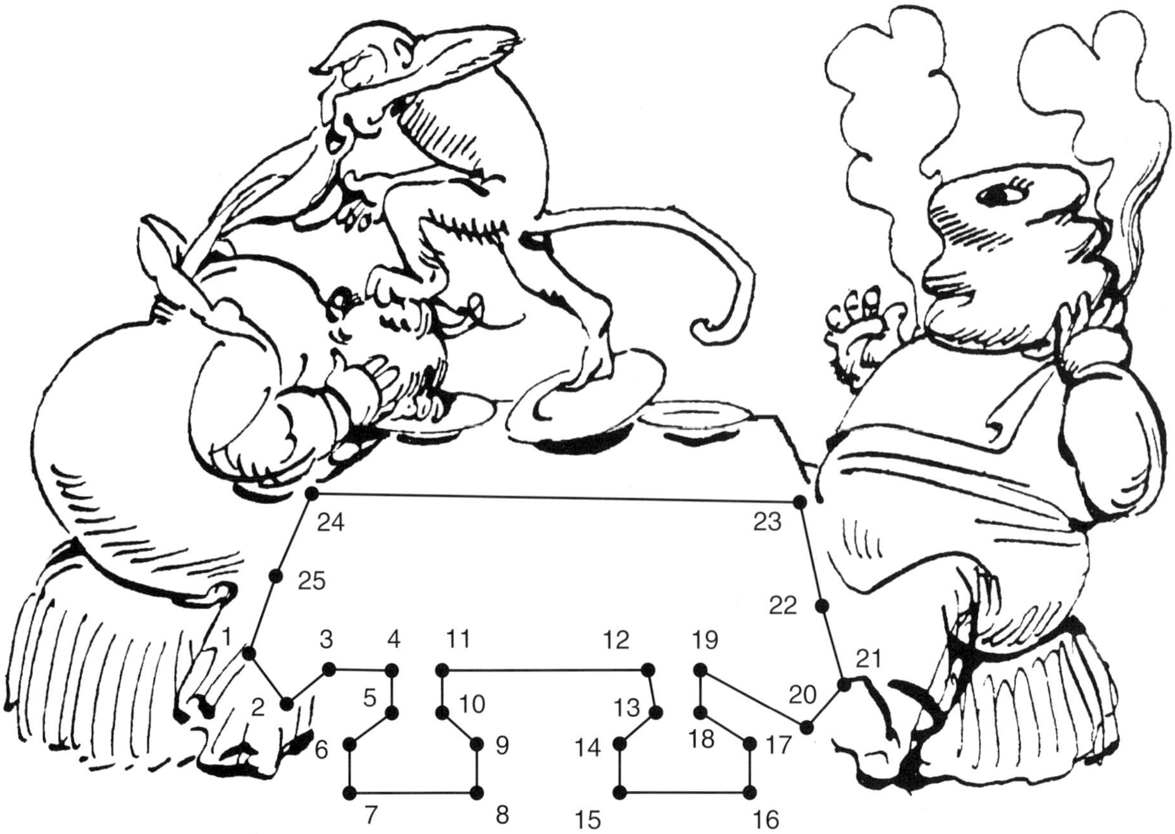

Wort	k	ck	richtig geschrieben
Zu***ck***er	3–4	12–13	***Zucker***
Flo***ck***e	9–16	24–25	***Flocke***
Mar***k***e	1–2	19–21	***Marke***
Bli***ck***	8–15	15–16	***Blick***
Bir***k***e	22–23	4–25	***Birke***
dan***k***en	21–22	4–5	***danken***
Stre***ck***e	11–19	11–12	***Strecke***
par***k***en	1–25	19–22	***parken***
star***k***	13–14	20–22	***stark***
On***k***el	11–10	9–12	***Onkel***
So***ck***en	14–16	3–4	***Socken***
Do***k***tor	18–19	8–15	***Doktor***
pün***k***tlich	9–10	8–16	***pünktlich***

Wort	z	tz	richtig geschrieben
Fra***tz***e	13–19	16–17	***Fratze***
bli***tz***en	4–6	7–8	***blitzen***
Kreu***z***	2–3	2–11	***Kreuz***
Wur***z***el	23–24	7–16	***Wurzel***
Tan***z***	20–21	9–16	***Tanz***
Ka***tz***e	23–25	14–15	***Katze***
War***z***e	4–5	13–15	***Warze***
Kran***z***	17–18	4–16	***Kranz***
Mär***z***	8–9	1–11	***März***
Tro***tz***	12–16	6–7	***Trotz***
Sa***tz***	14–16	19–20	***Satz***
Klo***tz***	4–19	5–6	***Klotz***

Kurzer oder langer Vokal?

- Entscheide, ob der fett gedruckte Vokal kurz (k) oder lang (l) gesprochen wird!
- Beachte: Folgt auf einen kurzen, betonten Vokal ein einzelner Mitlaut (Konsonant) wird er verdoppelt.
- Trage den/die fehlenden Buchstaben ein!
- Folge dem richtigem Pfeil zum nächsten Wort und markiere dabei den Weg usw.!
- Die Buchstaben in den Ecken der Quadrate ergeben entlang des Weges den Lösungssatz!
- Selbstkontrolle: Lösungssatz!
- Schreibe auch alle Wörter richtig in dein Heft!

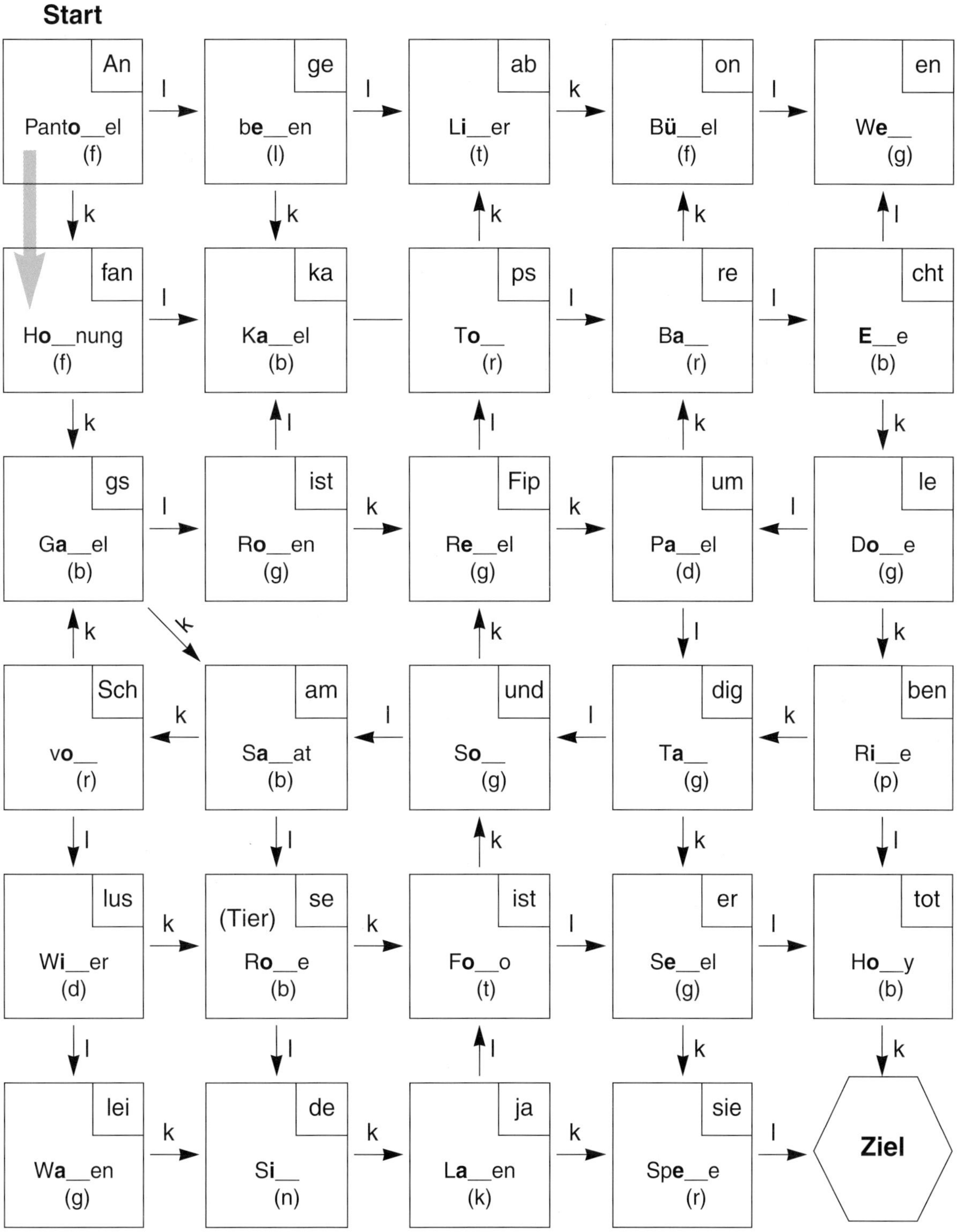

Lösungssatz:

An fan ____,

____.

Lösungen:

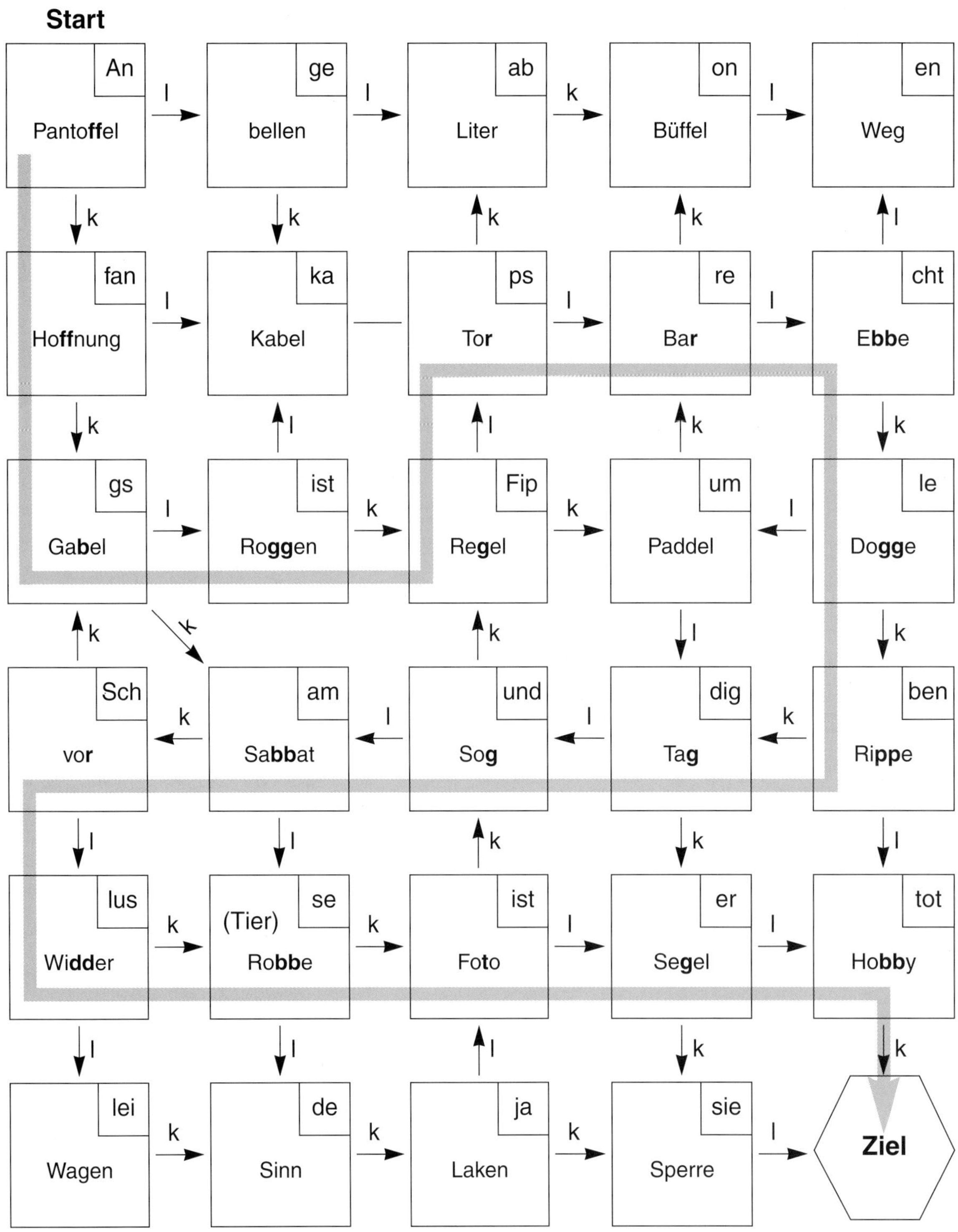

Lösungssatz:

An fan gs ist Fip ps re cht le ben dig,
und am Sch lus se ist er tot.

Wörter aus der Übung:

Pantoffel, Hoffnung, Gabel, Roggen, Regel, Tor, Bar, Ebbe, Dogge, Rippe, Tag, Sog, Sabbat, vor, Widder, Robbe, Foto, Segel, Hobby

Kurz gesprochene Vokale: Mitlautverdopplung?

- Entscheide, wie die Wörter geschrieben werden! Beachte Ausnahmen!
- Nach den entsprechenden Schlüsselzahlen findest du die Teile eines Lösungsspruchs.
- Selbstkontrolle: Lösungsspruch!
- Schreibe auch alle Wörter richtig in dein Heft!

DER

WANDT

KRÜLL

ALS

FRI

BRE

SEUR

MEN

TER

UND

MEIS

EIN

LEBT

STILL

IN

GE

Wort	Mitlaut einfach	Mitlaut doppelt	richtig geschrieben	Lösung
So__er	m: 4	mm: 15	***Sommer***	***IN***
Bu__er	t: 2	tt: 6		-
Ku__	s: 9	ss: 8		
Ba__er	g: 16	gg: 13		
Ta__e	n: 6	nn: 16		-
ge__b	l: 2	ll: 1		
Hote__	l:10	ll: 12		
fi__	t: 14	tt: 10		
mu__en	r: 7	rr: 4		
Apri__	l: 12	ll: 3		
Tre__e	p: 11	pp: 5		-
ru__eln	b: 14	bb: 7		
plu__	s: 1	ss:13		
Bran__	d: 11	dd: 15		-
Sto__	f: 5	ff: 9		
Bu__	s: 3	ss: 8		.

Lösungsspruch:

15							
IN	-			-			

		-			-		.

Lösungen:

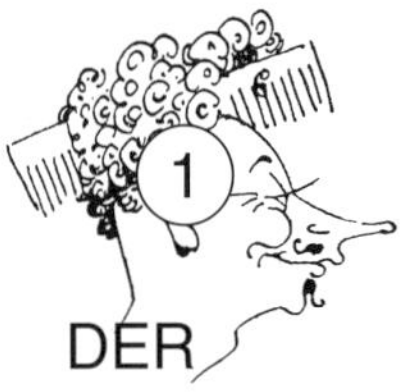

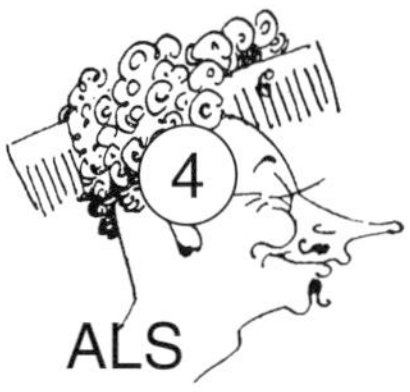

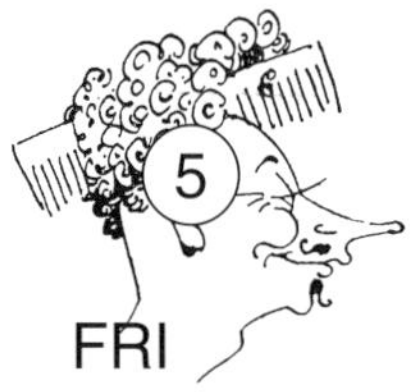

Wort	Mitlaut einfach	doppelt	richtig geschrieben	Lösung
So__er	m: 4	mm: 15	***Sommer***	***IN***
Bu__er	t: 2	tt: 6	***Butter***	***BRE-***
Ku__	s: 9	ss: 8	***Kuss***	***MEN***
Ba__er	g: 16	gg: 13	***Bagger***	***LEBT***
Ta__e	n: 6	nn: 16	***Tanne***	***GE-***
ge__b	l: 2	ll: 1	***gelb***	***WANDT***
Hote__	l:10	ll: 12	***Hotel***	***UND***
fi__	t: 14	tt: 10	***fit***	***STILL***
mu__en	r: 7	rr: 4	***murren***	***ALS***
Apri__	l: 12	ll: 3	***April***	***EIN***
Tre__e	p: 11	pp: 5	***Treppe***	***FRI-***
ru__eln	b: 14	bb: 7	***rubbeln***	***SEUR***
plu__	s: 1	ss:13	***plus***	***DER***
Bran__	d: 11	dd: 15	***Brand***	***MEIS-***
Sto__	f: 5	ff: 9	***Stoff***	***TER***
Bu__	s: 3	ss: 8	***Bus***	***KRÜLL.***

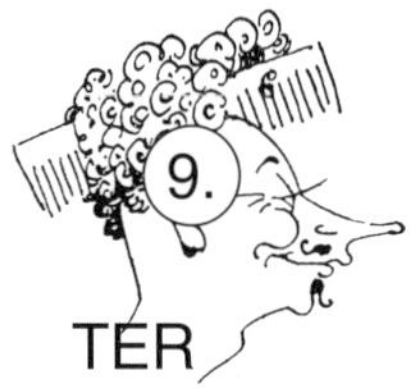

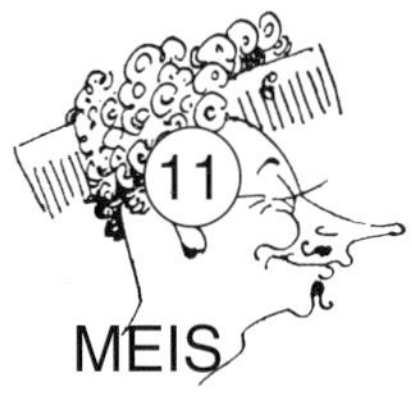

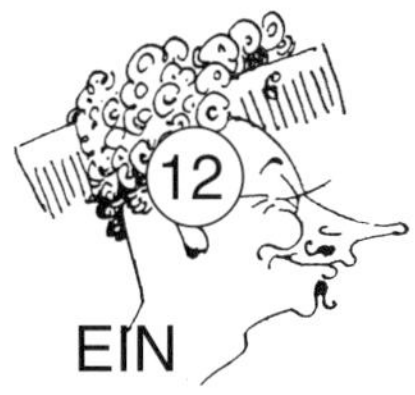

Lösungsspruch:

15	6	8	13	16	2	10	14
IN	***BRE-***	***MEN***	***LEBT***	***GE-***	***WANDT***	***UND***	***STILL***

4	12	5	7	1	11	9	3
ALS	***EIN***	***FRI-***	***SEUR***	***DER***	***MEIS-***	***TER***	***KRÜLL.***

Kurz gesprochene Vokale/Mitlautverdopplung (Ausnahmen finden)

- Von den 23 Wörtern werden 17 trotz kurz gesprochenen Vokals ohne Mitlautverdopplung geschrieben!
- Trage nur diese Wörter in das Kreuzworträtsel ein!
- Die durch Zahlen gekennzeichneten Buchstaben ergeben in der richtigen Reihenfolge die Lösung!
- Trage diese unten bei „Lösungswörter“ ein!
- Selbstkontrolle: 3 wichtige „Personen“ aus „Fipps der Affe“!

ANANAS
APRIL
BIN
BILD
CHIP
DORT
DRAN
ENG

FIT
GROB
GROG
HOTEL
IN
JET
JOB

KALT
KAMERA
KAPITEL
KRITIK
MINI
MOTOR
POLITIK
ROBOTER

Neidgierig hocken im Hintergrund
Gripps der Kater und Schnipps der Hund.

Lösungswörter:

Lösungen:

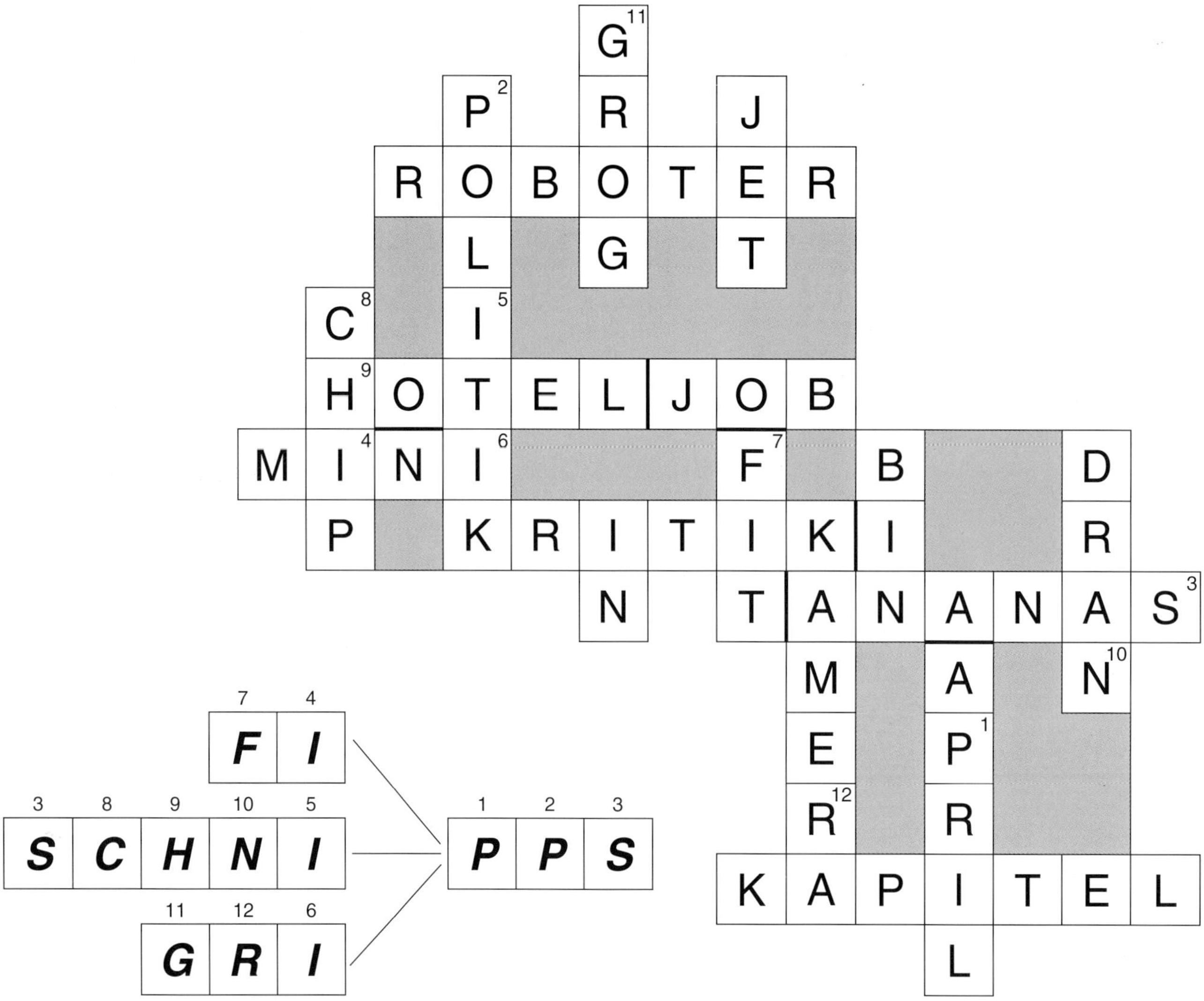
ROBOTER
HOTELJOB
MINI
KRITIK
ANANAS
KAPITEL
FI
SCHNI
GRI
PPS

Lang gesprochene Vokale: mit oder ohne h

- Schneide die Dominoteile („Tortenstücke") aus!
- Lege die Teile so nebeneinander, dass in beiden äußeren Kreisen sinnvolle Wörter entstehen!
- Beginne mit dem fett umrandeten Teil!
- Selbstkontrolle: sinnvoller Text im inneren Kreisring und Bild in der Kreismitte!
- Schreibe auch alle Wörter richtig in dein Heft!

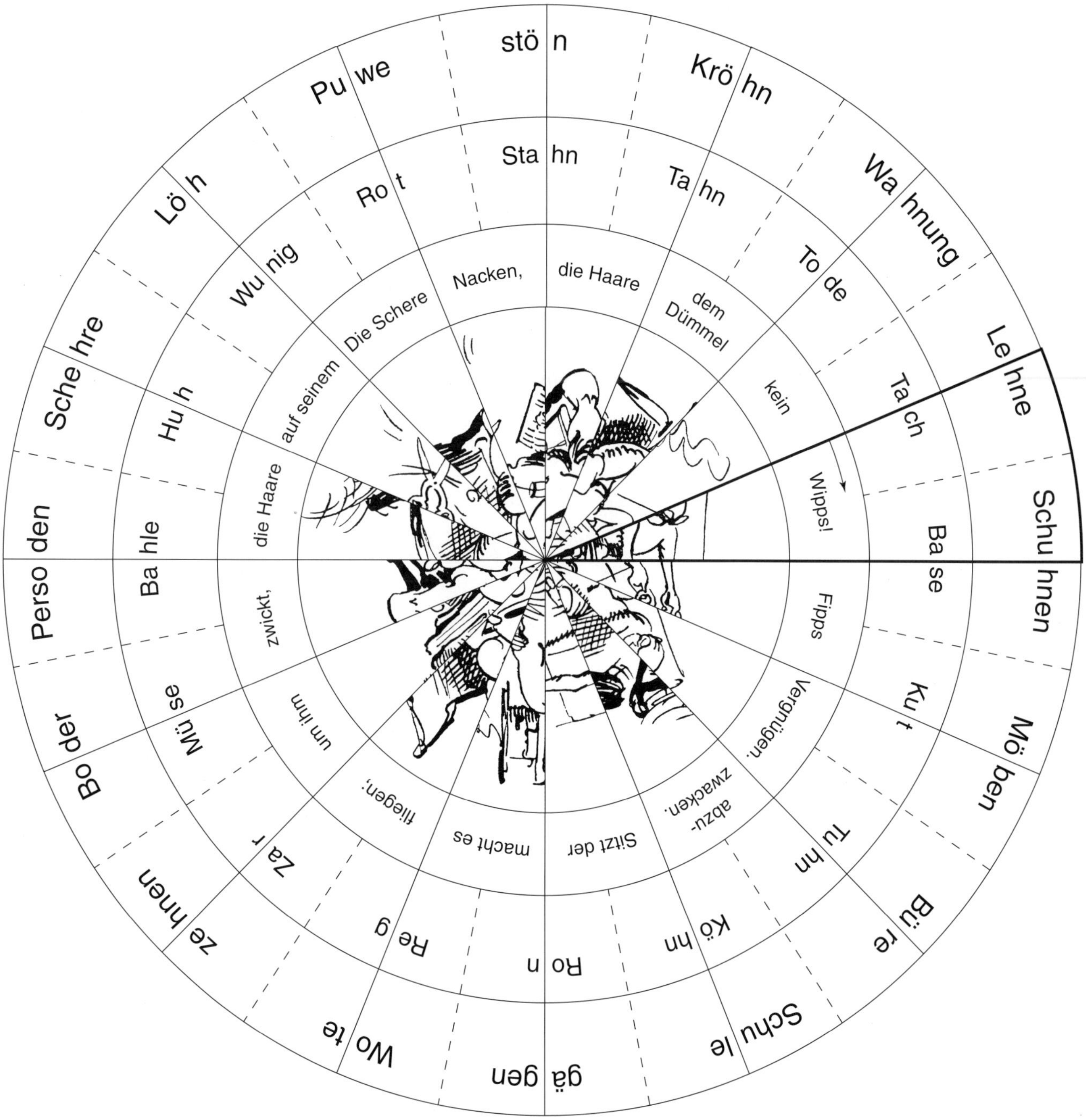

Lösungen:

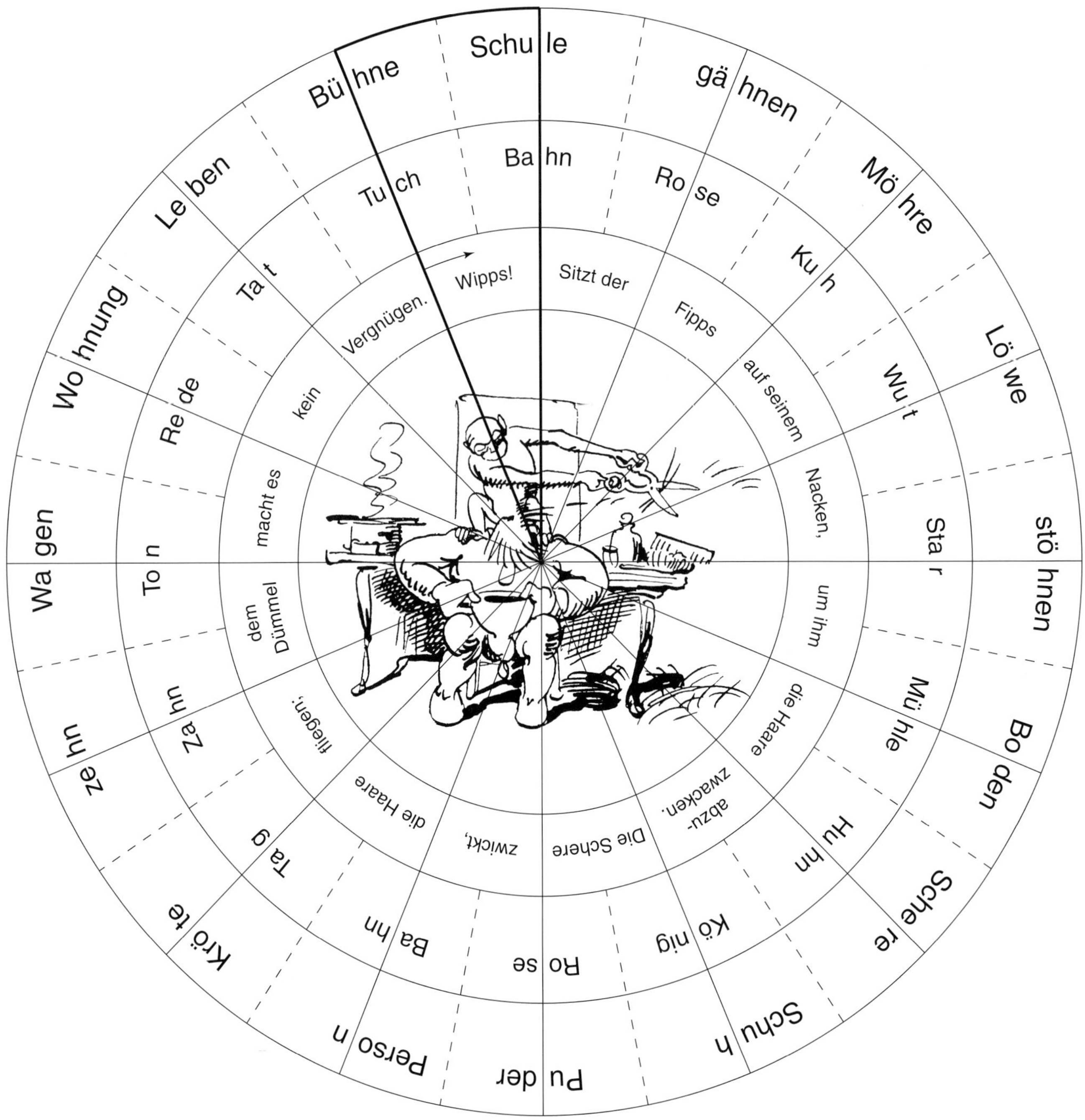
Schule
gähnen
Möhre
Löwe
stöhnen
Boden
Schere
Schuh
Puder
Person
Kröte
zehn
Wagen
Wohnung
Leben
Bühne
Bahn
Rose
Kuh
Wut
Star
Mühle
Huhn
König
Rose
Bahn
Tag
Zahn
Ton
Rede
Tat
Tuch
Sitzt der
Fipps
auf seinem
Nacken,
um ihm
die Haare
abzu-
zwacken.
Die Schere
zwickt,
die Haare
fliegen;
dem
Dümmel
macht es
kein
Vergnügen.
Wipps!

Schreibung des langen i-Lautes

- Schreibe die folgenden Wörter richtig in die Kästchen des Kreuzworträtsels!
- An die Stelle des Platzhalters gehört immer ein „i – ie – ih – ieh“.

Apfels__ne	__r	N__re	s__t
Benz__n	__m	Peters__lie	Sch__ne
Biolog__	__n	Pr__mel	V__
Energ__	Kam__n	R__se	Vitam__n
gesch__t	Klav__r	Rad__schen	Vitr__ne
__gel	Margar__ne	Ru__ne	

- Schreibe in **großen Blockbuchstaben**!

Südfrucht	A P **F** E L S I N E
Tiere beim Bauern	
erste Frühlingsblume	
grünes Gewürzkraut	
sehr großer Mensch	
Dativ-Form von „er“	
Musikinstrument mit Tasten	
3. Pers. Sing. Präs. von „geschehen“	
Akkusativ-Form von „er“	
gesunder Stoff für die Ernährung	
kleine scharfe Knolle	
zerstörtes Gebäude	
Butter-Ersatz	
offener Ofen oder Schornstein	
kleines Stacheltier	
3. Pers. Sing. Präs. von „sehen“	
Schaukasten	
Körperorgan für den Wasserhaushalt	
starke Kraft	
Wissenschaft von den Lebewesen	
Fahrweg der Eisenbahn	
Dativ-Form von „sie“ (Singular)	
Treibstoff	

- Die Buchstaben in der markierten Spalte ergeben von oben nach unten einen Lösungssatz zum Bild!

Lösungssatz: ***F***________ ________ ________ ______________ .

Aus: Krampe/Mittelmann: Rechtschreibspiele ab Klasse 6
Auer Verlag GmbH, Donauwörth · Als Kopiervorlage freigegeben

Lösungen:

Südfrucht		A	P	***F***	E	L	S	I	N	E			
Tiere beim Bauern			V	***I***	E	H							
erste Frühlingsblume				***P***	R	I	M	E	L				
grünes Gewürzkraut				***P***	E	T	E	R	S	I	L	I	E
sehr großer Mensch	R	I	E	***S***	E								
Dativ-Form von „er“		I	H	***M***									
Musikinstrument mit Tasten		K	L	***A***	V	I	E	R					
3. Pers. Sing. Präs. von „geschehen“	G	E	S	***C***	H	I	E	H	T				
Akkusativ-Form von „er“			I	***H***	N								
gesunder Stoff für die Ernährung		V	I	***T***	A	M	I	N					
kleine scharfe Knolle		R	A	***D***	I	E	S	C	H	E	N		
zerstörtes Gebäude			R	***U***	I	N	E						
Butter-Ersatz				***M***	A	R	G	A	R	I	N	E	
offener Ofen oder Schornstein		K	A	***M***	I	N							
kleines Stacheltier		I	G	***E***	L								
3. Pers. Sing. Präs. von „sehen“				***S***	I	E	H	T					
Schaukasten		V	I	***T***	R	I	N	E					
Körperorgan für den Wasserhaushalt	N	I	E	***R***	E								
starke Kraft				***E***	N	E	R	G	I	E			
Wissenschaft von den Lebewesen			B	***I***	O	L	O	G	I	E			
Fahrweg der Eisenbahn			S	***C***	H	I	E	N	E				
Dativ-Form von „sie“ (Singular)			I	***H***	R								
Treibstoff			B	***E***	N	Z	I	N					

Lösungssatz: ***FIPPS MACHT DUMME STREICHE*.**

Lang gesprochene Vokale: a, o, e

- Schneide die Memoryteile aus!
- Lege die Teile verdeckt und nach Formen geordnet in 2 Reihen aus!
- Ziehe immer gleichzeitig ein Quadrat und ein Rechteck und schau, ob du daraus ein Wort bilden kannst!
- Selbstkontrolle: gleiche Strichmuster am Rand!
- Ist das nicht möglich, lege beide Teile verdeckt an ihren Platz zurück!
- Spiele zusammen mit deiner Nachbarin/deinem Nachbarn! Wer entdeckt die meisten Wörter?
- Schreibe auch alle Wörter richtig in dein Heft!

Schn__	r__t	sch__de	schw__r
fr__	Z__	L__rer	__l
F__rrad	Sch__re	R__	S__n
H__r	Gn__de	St__l	z__n

a	ah	Aa	aa	a	ah
eh	e	eh	e	ee	eh
o	oh	oh	oo		

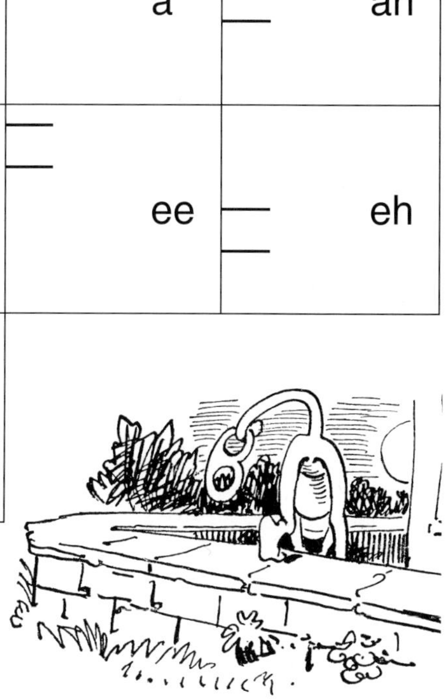

Schon ist es dunkel und nicht geheuer.
Er schwingt sich über ein Gartengemäuer. –
Hier hofft er auf angenehm nächtliche Ruh. –

Lösungen:

r__t	o
Z__	oo
S__n	oh
fr__	oh

Sch__re	e
schw__r	e
Schn__	ee
R__	eh
z__n	eh
L__rer	eh

Gn__de	a
sch__de	a
H__r	aa
__l	Aa
F__rrad	ah
St__l	ah

Lang gesprochene Vokale: a, e, o

- Entscheide, wie die Wörter geschrieben werden und schreibe sie dann in die Tabelle!
- Im Schlüssel (Bild) findest du über die entsprechenden Zahlen die Teile eines Lösungssatzes.
- Selbstkontrolle: Lösungssatz

Schlüssel:

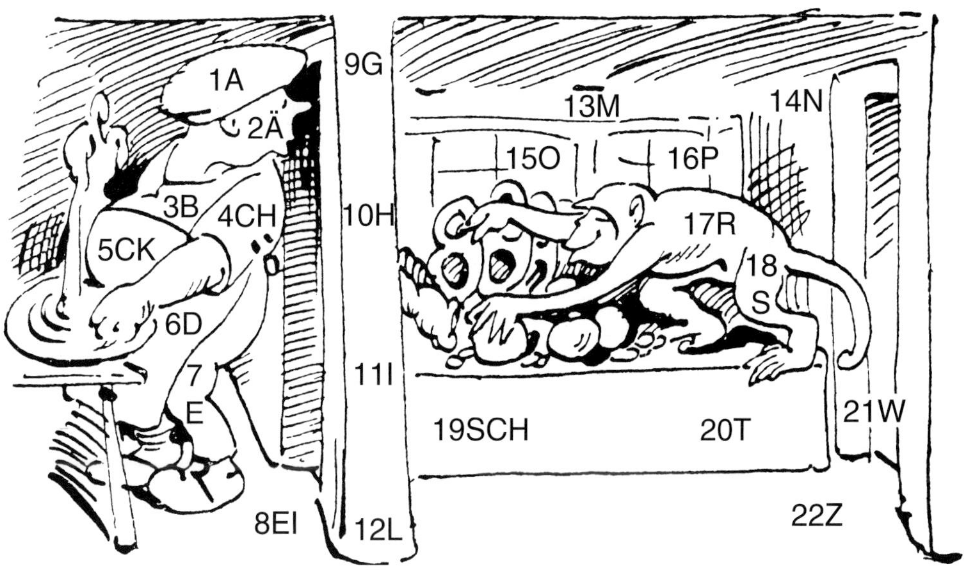

Wort	a	aa	ah	richtig geschrieben	Lösung
l__m	8	9	10	***lahm***	***H***
P__r	13	15	17		
__ber	17	19	21		
L__ken	4	5	6		*!*
St__t	20	21	22		
V__se	1	2	3		
z__m	21	20	18		
k__l	19	18	17		
See__l	5	1	10		

Wort	o	oo	oh	richtig geschrieben	Lösung
Spi__n	16	18	20		
M__s	18	16	14		
c__l	8	7	6		
D__se	12	10	8		
S__le	10	15	20		
B__le	2	4	6		
bem__st	2	1	3		
__ber	22	20	18		
Skorpi__n	21	19	17		

Wort	e	ee	eh	richtig geschrieben	Lösung
N__bel	11	12	13		
k__ren	21	20	19		
s__r	3	5	7		
H__r	7	14	21		
Porr__	12	13	14		
Id__	6	8	10		
B__sen	14	16	18		
S__gel	7	5	3		
T__	11	13	15		
Gew__r	7	8	9		
Kl__	6	7	8		
L__der	3	2	1		
R__gen	2	3	4		
Gel__	4	5	6		*?*

Lösungssatz:

H ______________________________

____

Aus: Krampe/Mittelmann: Rechtschreibspiele ab Klasse 6
Auer Verlag GmbH, Donauwörth · Als Kopiervorlage freigegeben

Lösungen:

Wort	a	aa	ah	richtig geschrieben	Lösung
l__m	8	9	10	***lahm***	***H***
P__r	13	15	17	***Paar***	***O***
__ber	17	19	21	***aber***	***R***
L__ken	4	5	6	***Laken***	***CH!***
St__t	20	21	22	***Staat***	***W***
V__se	1	2	3	***Vase***	***A***
z__m	21	20	18	***zahm***	***S***
k__l	19	18	17	***kahl***	***R***
See__l	5	1	10	***Seeaal***	***A***

Wort	o	oo	oh	richtig geschrieben	Lösung
Spi__n	16	18	20	***Spion***	***P***
M__s	18	16	14	***Moos***	***P***
c__l	8	7	6	***cool***	***E***
D__se	12	10	8	***Dose***	***L***
S__le	10	15	20	***Sohle***	***T***
B__le	2	4	6	***Bohle***	***D***
bem__st	2	1	3	***bemoost***	***A***
__ber	22	20	18	***Ober***	***Z***
Skorpi__n	21	19	17	***Skorpion***	***W***

Wort	e	ee	eh	richtig geschrieben	Lösung
N__bel	11	12	13	***Nebel***	***I***
k__ren	21	20	19	***kehren***	***SCH***
s__r	3	5	7	***sehr***	***E***
H__r	7	14	21	***Heer***	***N***
Porr__	12	13	14	***Porree***	***M***
Id__	6	8	10	***Idee***	***EI***
B__sen	14	16	18	***Besen***	***N***
S__gel	7	5	3	***Segel***	***E***
T__	11	13	15	***Tee***	***M***
Gew__r	7	8	9	***Gewehr***	***G***
Kl__	6	7	8	***Klee***	***E***
L__der	3	2	1	***Leder***	***B***
R__gen	2	3	4	***Regen***	***Ä***
Gel__	4	5	6	***Gelee***	***CK?***

Lösungssatz:

Horch! Was rappelt da zwischen meinem Gebäck?

Lang gesprochene Vokale (gemischt)

Puzzleteile

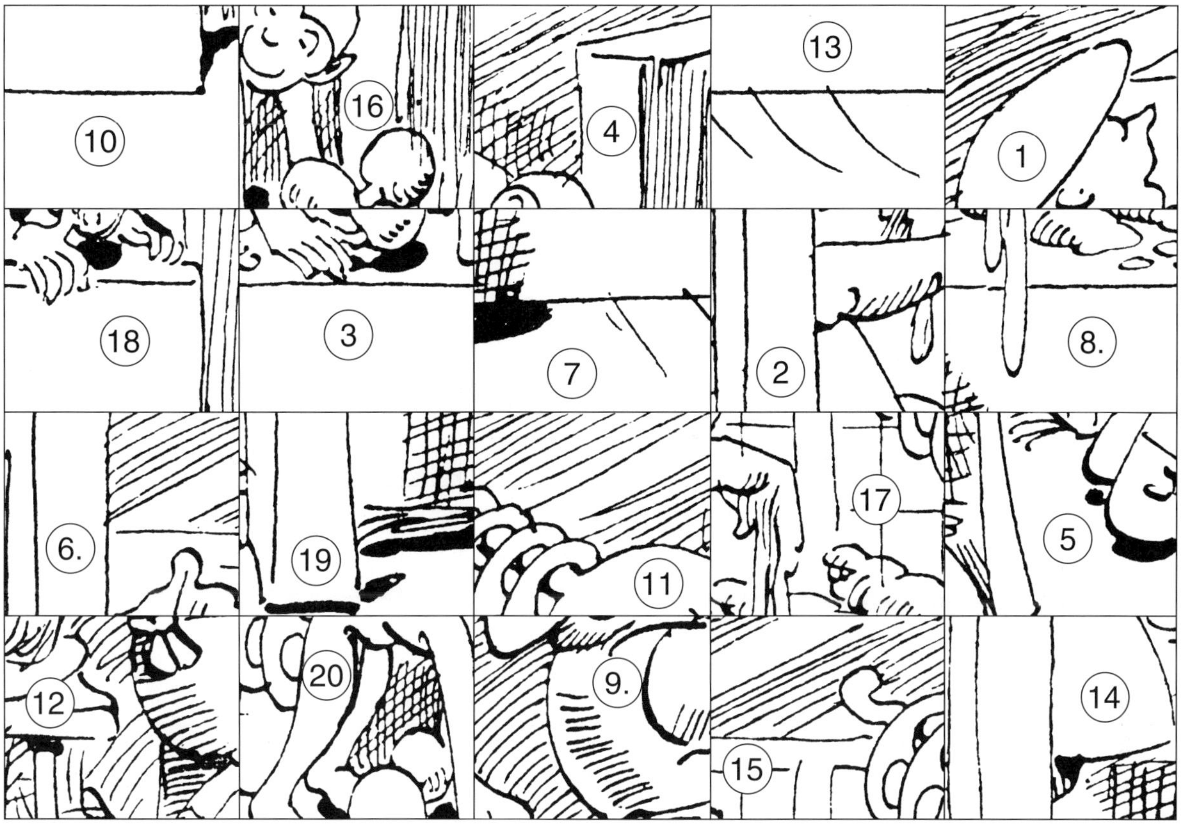

Spielplan

Kab__ne i: 1 ie: 16 ih: 5	R__se o: 6 oo: 17 oh: 4	M__l e: 3 ee: 18 eh: 15	obw__l o: 19 oo: 2 oh: 11	r__ten a: 4 aa: 20 ah: 1
Z__l a: 15 aa: 6 ah: 9	T__ e: 7 ee: 2 eh: 14	V__ i: 13 ie: 8 ieh: 17	B__t o: 12 oo: 20 oh: 9	F__re u: 11 uu: 10 uh: 16
K__le u: 14 uu: 7 uh: 12	v__l i: 15 ie: 14 ih: 5	K__r u: 8 uu: 9 uh: 13	S__n o: 12 oo: 8 oh: 3	__l A: 11 Aa: 18 Ah: 10
N__se a: 5 aa: 6 ah: 16	P__te u: 19 uu: 4 uh: 17	T__r i: 18 ie: 7 ih: 3	S__le o: 2 oo: 19 oh: 13	R__gen e: 10 ee: 1 eh: 20

- Bestimme den/die richtigen Buchstaben!
- Schneide die Puzzleteile aus!
- Die Zahl sagt dir, welches Puzzleteil du jeweils auflegen musst!
- Selbstkontrolle: Bildmotiv!
- Schreibe alle Wörter richtig in dein Heft!

Lösungen:

Kab***i***ne i: ***1*** ie: 16 ih: 5	R***o***se o: ***6*** oo: 17 oh: 4	M***eh***l e: 3 ee: 18 eh: ***15***	obw***oh***l o: 19 oo: 2 oh: ***11***	r***a***ten a: ***4*** aa: 20 ah: 1
Z***ah***l a: 15 aa: 6 ah: ***9***	T***ee*** e: 7 ee: ***2*** eh: 14	V***ieh*** i: 13 ie: 8 ieh: ***17***	B***oo***t o: 12 oo: ***20*** oh: 9	F***uh***re u: 11 uu: 10 uh: ***16***
K***uh***le u: 14 uu: 7 uh: ***12***	v***ie***l i: 15 ie: ***14*** ih: 5	K***u***r u: ***8*** uu: 9 uh: 13	S***oh***n o: 12 oo: 8 oh: ***3***	***Aa***l A: 11 Aa: ***18*** Ah: 10
N***a***se a: ***5*** aa: 6 ah: 16	P***u***te u: ***19*** uu: 4 uh: 17	T***ie***r i: 18 ie: ***7*** ih: 3	S***oh***le o: 2 oo: 19 oh: ***13***	R***e***gen e: ***10*** ee: 1 eh: 20

Lang gesprochene Vokale (a, e, i, o, u)

- Schneide die Dominoteile aus!
- Lege die Dominoteile so nebeneinander, dass immer zwei richtig geschriebene Wörter (langer Vokal) entstehen, abwechselnd über und unter dem Bildteil!
- Du kannst mit einem beliebigen Teil beginnen!
- Selbstkontrolle: Bildfolge!
- Schreibe auch alle Wörter richtig in dein Heft!

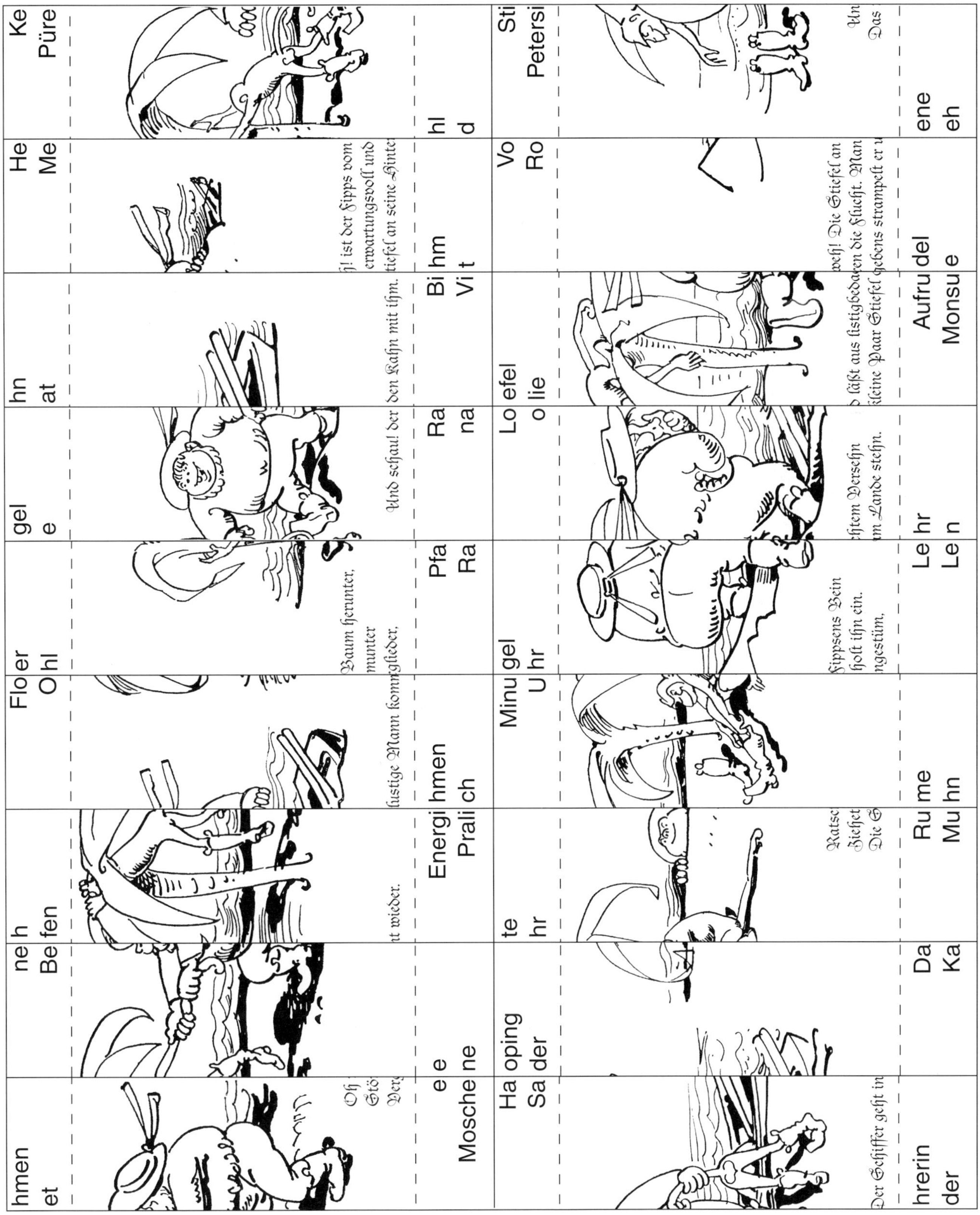

Lösungen:

Sti Petersi	efel lie	Lo o	oping der	Minu U	te hr	He Me	er hl	Ke Püre

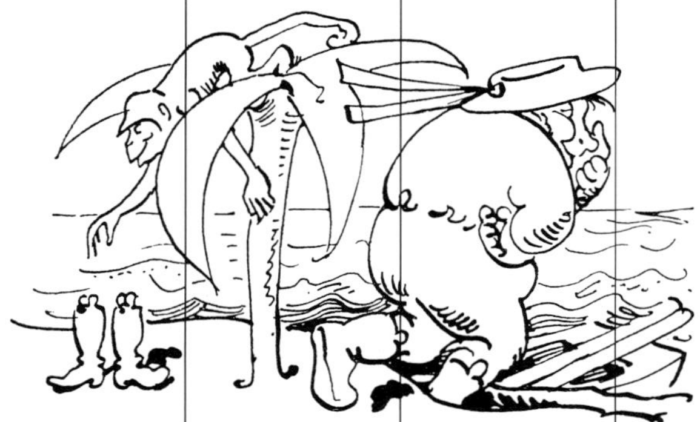

Und läßt aus listigbedachtem Versehn
Das kleine Paar Stiefel am Lande stehn.

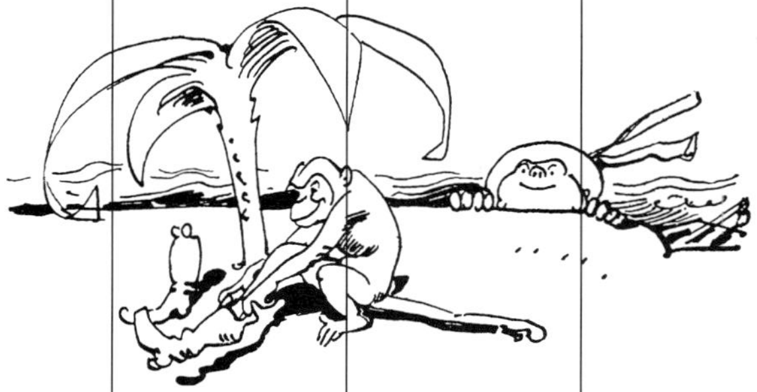

Ratsch! ist der Fipps vom Baum herunter,
Ziehet erwartungsvoll und munter
Die Stiefel an seine Hinterglieder,

ene eh	Aufru Monsu	hr n	Da Ka	me hn	Ru Mu	hm t	Pfa Ra	hl d
gel e	Flo O	h fen	ne Be	hmen et	Vo Ro	gel hr	Ha Sa	hn at

Und schau! der lustige Mann kommt wieder.

Oh weh! Die Stiefel an Fippsens Bein
Stören die Flucht. Man holt ihn ein.
Vergebens strampelt er ungestüm,

Der Schiffer geht in den Kahn mit ihm.

Ra na	hmen ch	Energi Prali	e ne	e Mosche	del e	Le Le	hrerin der	Bi Vi

Lang gesprochene Vokale (gemischt)

- Entscheide, wie die Wörter geschrieben werden und schreibe sie dann in die Tabelle!
- Mit Hilfe der Schlüsselzahlen findest du die Teile eines Lösungsspruchs.
- Selbstkontrolle: Lösungsspruch!
- Schreibe auch alle Wörter richtig in dein Heft!

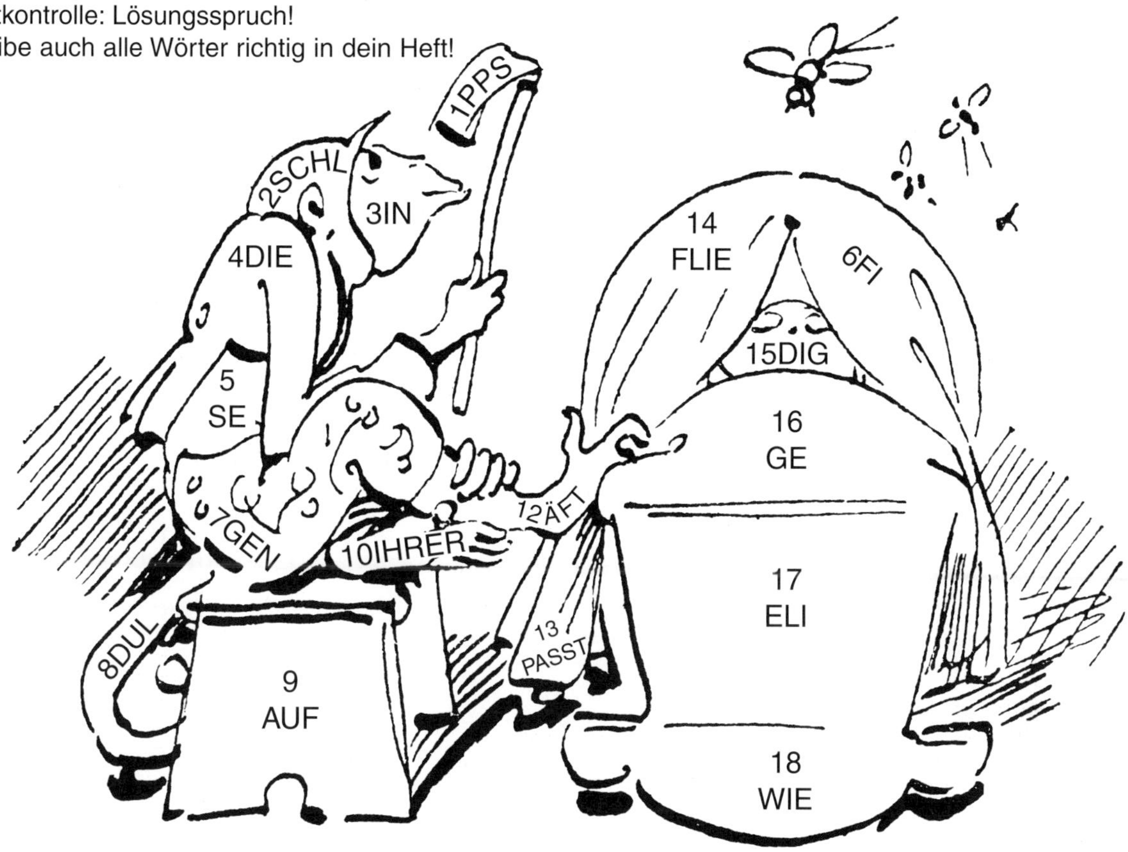

Wort	a	aa	ah	e	ee	eh	i	ie	ih	o	oo	oh	u	uh	richtig geschrieben	Lösung
M*a*gen	*17*	1	7	13	9	5	3	15	2	12	6	10	8	11	***Magen***	***17 ELI-***
f__gen	1	7	18	5	2	10	13	9	4	6	11	3	16	14		
J__r	11	12	2	16	8	1	3	4	6	5	15	14	7	3		-
Kab__ne	8	15	5	2	6	13	12	18	7	4	17	1	14	16		
__ma	9	4	2	5	1	18	16	14	15	3	6	12	7	17		
s__ben	17	3	8	11	13	1	16	10	7	15	18	14	5	2		
K__r	6	1	3	4	16	10	2	11	5	14	9	17	18	8		-
S__n	1	4	9	15	7	13	8	17	3	6	10	16	2	12		,
obw__l	7	4	13	2	3	8	1	15	16	5	9	6	11	10		-
Kaff__	16	9	10	11	1	6	15	12	3	17	4	13	5	14		
K__	15	5	4	12	2	1	9	6	17	10	17	7	3	13		
V__gel	6	14	1	8	3	7	5	13	18	16	12	2	10	17		-
S__t	9	8	11	13	1	10	6	16	17	7	2	15	18	3		-
__s	3	15	5	17	10	4	1	12	2	8	14	18	11	7		
r__ten	9	3	5	11	2	8	12	6	4	13	16	13	1	15		
Schn__	14	2	9	12	4	13	16	10	5	7	3	6	8	11		
T__ger	8	13	10	3	9	7	14	4	6	17	16	4	15	12		-
H__t	13	3	8	1	14	4	9	16	10	12	11	5	7	6		.

Lösungen:

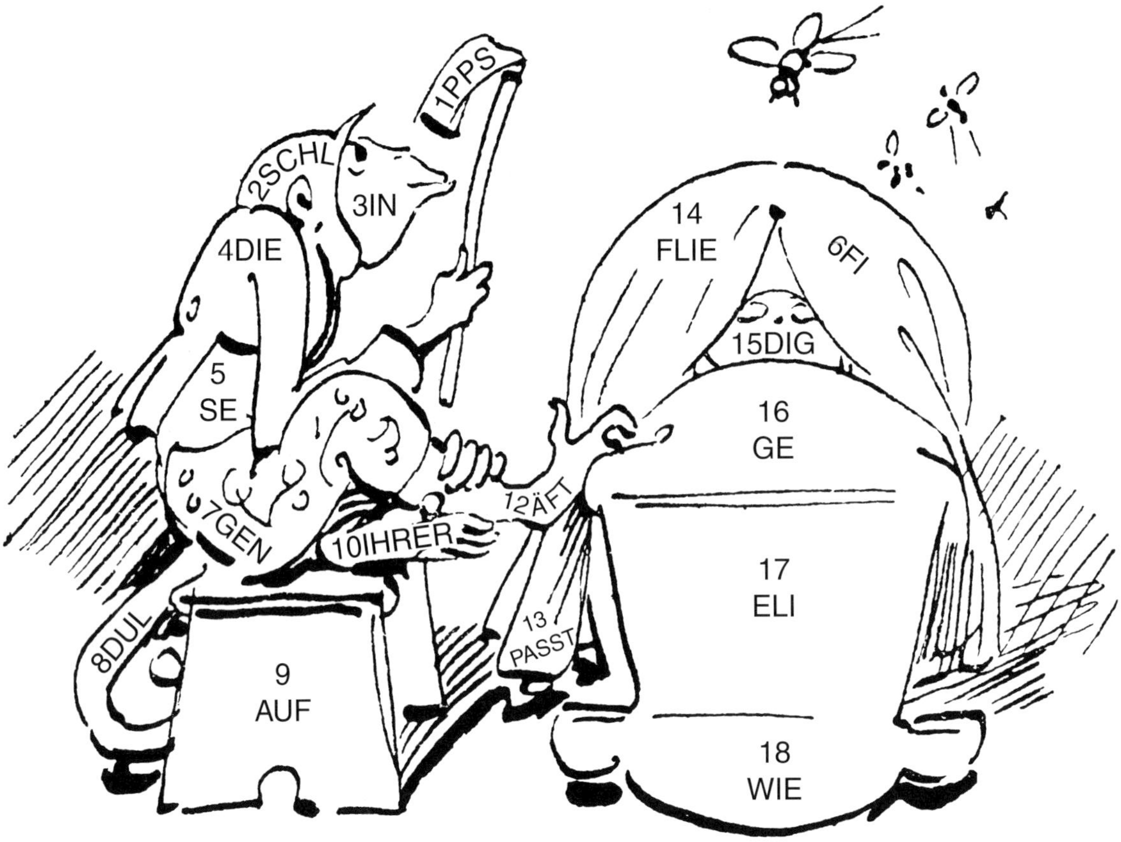

Wort	a	aa	ah	e	ee	eh	i	ie	ih	o	oo	oh	u	uh	richtig geschrieben	Lösung
M***a***gen	***17***	1	7	13	9	5	3	15	2	12	6	10	8	11	***Magen***	***17 ELI-***
f__gen	1	7	18	***5***	2	10	13	9	4	6	11	3	16	14	***fegen***	***5 SE***
J__r	11	12	***2***	16	8	1	3	4	6	5	15	14	7	3	***Jahr***	***2 SCHL-***
Kab__ne	8	15	5	2	6	13	***12***	18	7	4	17	1	14	16	***Kabine***	***12 ÄFT***
__ma	9	4	2	5	1	18	16	14	15	***3***	6	12	7	17	***Oma***	***3 IN***
s__ben	17	3	8	11	13	1	16	***10***	7	15	18	14	5	2	***sieben***	***10 IHRER***
K__r	6	1	3	4	16	10	2	11	5	14	9	17	***18***	8	***Kur***	***18 WIE-***
S__n	1	4	9	15	7	13	8	17	3	6	10	***16***	2	12	***Sohn***	***16 GE,***
obw__l	7	4	13	2	3	8	1	15	16	5	9	***6***	11	10	***obwohl***	***6 FI-***
Kaff__	16	9	10	11	***1***	6	15	12	3	17	4	13	5	14	***Kaffee***	***1 PPS***
K__	15	5	4	12	2	1	9	6	17	10	17	7	3	***13***	***Kuh***	***13 PASST***
V__gel	6	14	1	8	3	7	5	13	18	***16***	12	2	10	17	***Vogel***	***16 GE-***
S__t	9	***8***	11	13	1	10	6	16	17	7	2	15	18	3	***Saat***	***8 DUL-***
__s	3	***15***	5	17	10	4	1	12	2	8	14	18	11	7	***Aas***	***15 DIG***
r__ten	***9***	3	5	11	2	8	12	6	4	13	16	13	1	15	***raten***	***9 AUF***
Schn__	14	2	9	12	***4***	13	16	10	5	7	3	6	8	11	***Schnee***	***4 DIE***
T__ger	8	13	10	3	9	7	***14***	4	6	17	16	4	15	12	***Tiger***	***14 FLIE-***
H__t	13	3	8	1	14	4	9	16	10	12	11	5	***7***	6	***Hut***	***7 GEN.***

Stimmhafter/-loser s-Laut

- Ergänze die fehlenden Buchstaben (s-Laut)!
- Schneide dann die Dominoteile („Tortenstücke“) aus!
- Ordne jedem gefundenen Wort zur Kontrolle das entsprechende verwandte Wort zu (gleiche s-Schreibung) – immer nach rechts anlegen!
- Es kann mit einem beliebigen Teil begonnen werden!
- Selbstkontrolle: Bild mit Text in der Kreismitte!
- Schreibe die Wortpaare richtig in dein Heft!

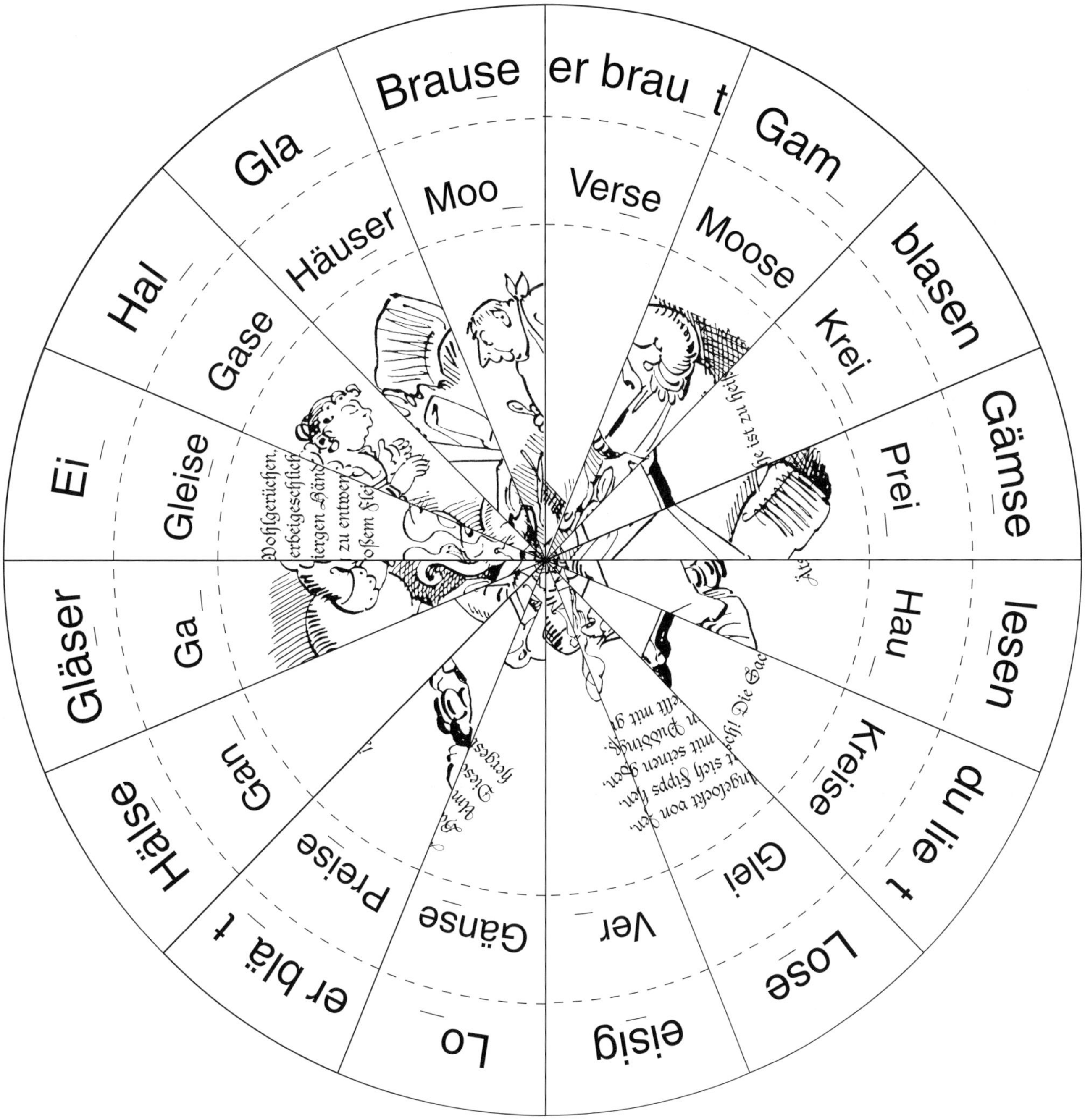

Lösungen:

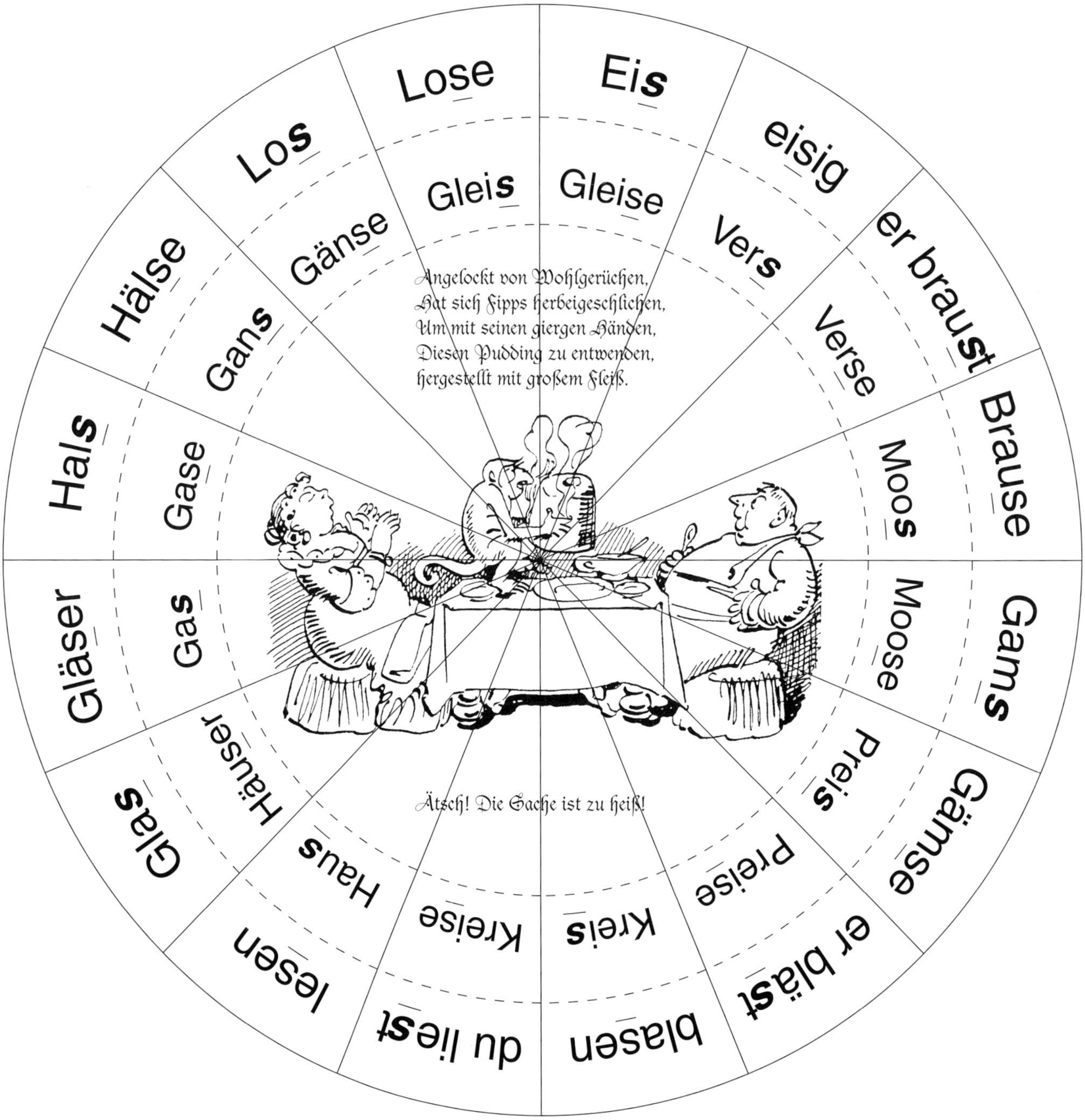
Lose
Eis
eisig
er braust
Brause
Gams
Gämse
er bläst
blasen
du liest
lesen
Glas
Gläser
Hals
Hälse
Los
Gleis
Gleise
Vers
Verse
Moos
Moose
Preis
Preise
Kreis
Kreise
Haus
Häuser
Gas
Gase
Gans
Gänse
Angelockt von Wohlgerüchen,
Hat sich Fipps herbeigeschlichen,
Um mit seinen giergen Händen,
Diesen Pudding zu entwenden,
hergestellt mit großem Fleiß.
Ätsch! Die Sache ist zu heiß!

Wörter mit s – ss – ß (Achtung: Ausnahmen!)

- Bestimme die richtigen s-Laute!
- Notiere die Wörter in richtiger Schreibweise!
- Male die Felder bei Fipps nach dem Farbschlüssel an!
- Selbstkontrolle: Fipps ist zweimal genau gleich gefärbt.

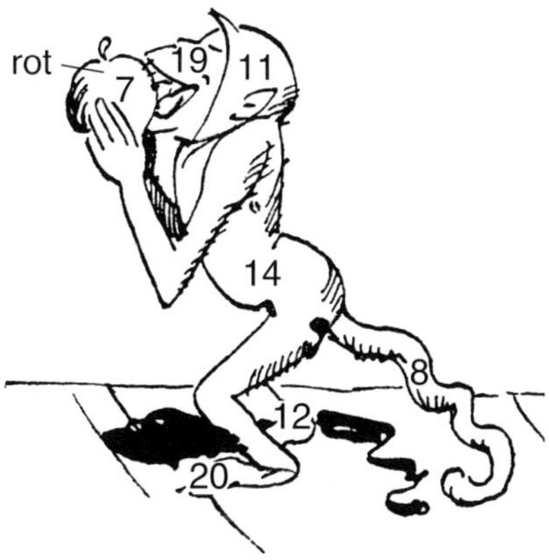

Lächelnd reicht Frau Doktorin
Ihm den guten Apfel hin (…)

Wort	s	ss	ß	richtig geschrieben
ha__en	7 gelb	7 rot	7 schwarz	***hassen***
er i__t (essen)	3 blau	3 schwarz	3 orange	
Fra__	14 rot	14 schwarz	14 braun	
A__	19 gelb	19 orange	19 rot	
Bu__	13 braun	13 rot	13 gelb	
Flu__	4 braun	4 rot	4 schwarz	
bla__	17 grün	17 braun	17 rot	
bi__	1 orange	1 gelb	1 grün	
er bi__	8 blau	8 braun	8 gelb	
er schlie__t	15 schwarz	15 grün	15 rot	
Flo__	12 gelb	12 rot	12 braun	

Wort	s	ss	ß	richtig geschrieben
verge__lich	20 blau	20 rot	20 gelb	
blo__	6 schwarz	6 grün	6 braun	
bi__chen	9 gelb	9 schwarz	9 rot	
Gra__	18 orange	18 gelb	18 rot	
Schlo__	2 grün	2 braun	2 gelb	
So__e	16 grün	16 blau	16 rot	
Va__e	10 braun	10 schwarz	10 gelb	
wa__	21 braun	21 rot	21 grün	
Fa__	11 rot	11 schwarz	11 gelb	
Spa__	5 braun	5 blau	5 grün	

Aus: Krampe/Mittelmann: Rechtschreibspiele ab Klasse 6
Auer Verlag GmbH, Donauwörth · Als Kopiervorlage freigegeben

Lösungen:

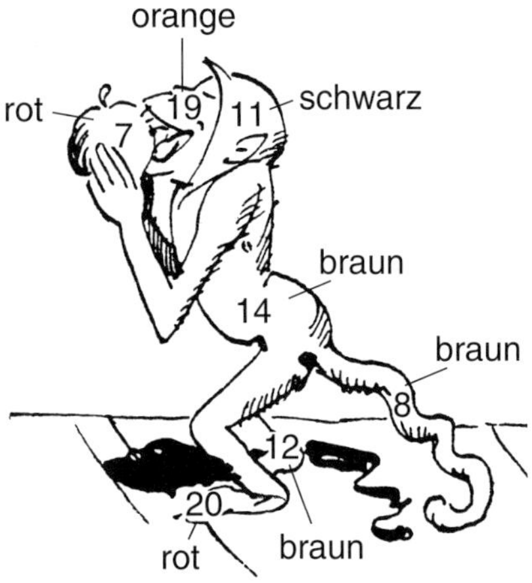

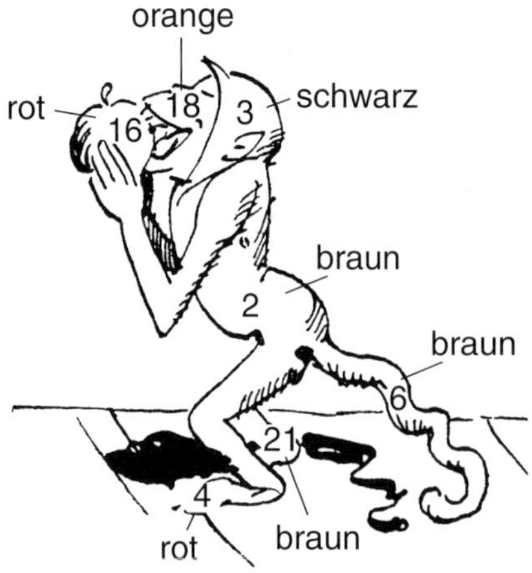

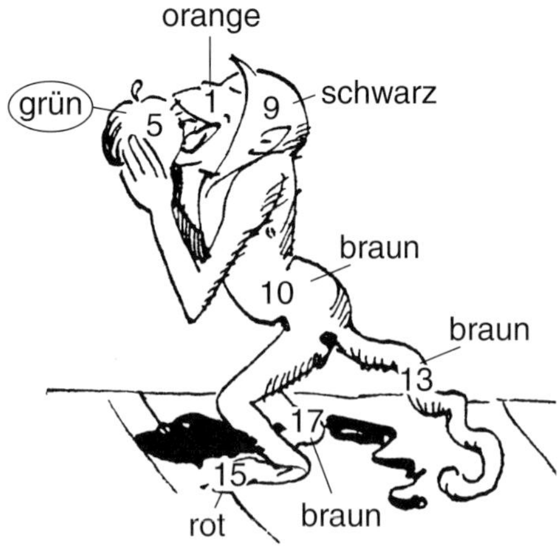

Diese Bilder sind gleich!

Wort	s	ss	ß	richtig geschrieben
ha__en	7 gelb	7 rot	7 schwarz	***hassen***
er i__t (essen)	3 blau	3 schwarz	3 orange	***er isst***
Fra__	14 rot	14 schwarz	14 braun	***Fraß***
A__	19 gelb	19 orange	19 rot	***Ass***
Bu__	13 braun	13 rot	13 gelb	***Bus***
Flu__	4 braun	4 rot	4 schwarz	***Fluss***
bla__	17 grün	17 braun	17 rot	***blass***
bi__	1 orange	1 gelb	1 grün	***bis***
er bi__	8 blau	8 braun	8 gelb	***er biss***
er schlie__t	15 schwarz	15 grün	15 rot	***er schließt***
Flo__	12 gelb	12 rot	12 braun	***Floß***

Wort	s	ss	ß	richtig geschrieben
verge__lich	20 blau	20 rot	20 gelb	***vergesslich***
blo__	6 schwarz	6 grün	6 braun	***bloß***
bi__chen	9 gelb	9 schwarz	9 rot	***bisschen***
Gra__	18 orange	18 gelb	18 rot	***Gras***
Schlo__	2 grün	2 braun	2 gelb	***Schloss***
So__e	16 grün	16 blau	16 rot	***Soße***
Va__e	10 braun	10 schwarz	10 gelb	***Vase***
wa__	21 braun	21 rot	21 grün	***was***
Fa__	11 rot	11 schwarz	11 gelb	***Fass***
Spa__	5 braun	5 blau	5 grün	***Spaß***

Stimmloser s-Laut in Verb-Konjugationen

- Spielkarten ausschneiden!
- Spielkarten gleichmäßig an Mitspieler verteilen!
- Mitspieler fragen abwechselnd nach fehlenden Quartettkarten, dabei die fehlende Verbform und auch die „s-Schreibung“ nennen!
- Wenn Karte nicht vorhanden oder bei falscher Nennung, geht das Fragerecht an den nächsten Mitspieler weiter!
- Vollständige Quartette ablegen.
- Sieger ist, wer die meisten Quartette abgelegt hat.
- Kontrolle: durch die Mitspieler!

fließen das Wasser flie__t das Wasser flo__ das Wasser ist geflo__en	**das Wasser fließt** flie__en das Wasser flo__ das Wasser ist geflo__en	**das Wasser floss** flie__en das Wasser flie__t das Wasser ist geflo__en	**das Wasser ist geflossen** flie__en das Wasser flie__t das Wasser flo__
beißen der Hund bei__t der Hund bi__ der Hund hat gebi__en	**der Hund beißt** bei__en der Hund bi__ der Hund hat gebi__en	**der Hund biss** bei__en der Hund bei__t der Hund hat gebi__en	**der Hund hat gebissen** bei__en der Hund bei__t der Hund bi__
essen er i__t er a__ er hat gege__en	**er isst** e__en er a__ er hat gege__en	**er aß** e__en er i__t er hat gege__en	**er hat gegessen** e__en er i__t er a__

Hinweis: Diese Seite gehört mit der folgenden Seite zu **einem** Spiel.

□ □ **gießen** es gie__t es go__ es hat gego__en	□ □ **es gießt** gie__en es go__ es hat gego__en	□ □ **es goss** gie__en es gie__t es hat gego__en	□ □ **es hat gegossen** gie__en es gie__t es go__
○ ○ **zulassen** er lä__t es zu er lie__ es zu er hat es zugela__en	○ ○ **er lässt es zu** zula__en er lie__ es zu er hat es zugela__en	○ ○ **er ließ es zu** zula__en er lä__t es zu er hat es zugela__en	○ ○ **er hat es zugelassen** zula__en er lä__t es zu er lie__ es zu
△ △ **wissen** sie wei__ sie wu__te sie hat gewu__t	△ △ **sie weiß** wi__en sie wu__te sie hat gewu__t	△ △ **sie wusste** wi__en sie wei__ sie hat gewu__t	△ △ **sie hat gewusst** wi__en sie wei__ sie wu__te

Hinweis: Diese Seite gehört mit der vorherigen Seite zu **einem** Spiel.

Stimmloser s-Laut (s, ss, ß)

- Ergänze die fehlenden Buchstaben!
- Unterstreiche die zu dem/den richtigen Buchstaben gehörenden Zahlen!
- Verbinde danach die durch die Schlüsselzahlen angegebenen Punkte im Bildteil!
- Selbstkontrolle: vollständiges Bild!
- Schreibe auch alle Wörter richtig in dein Heft!

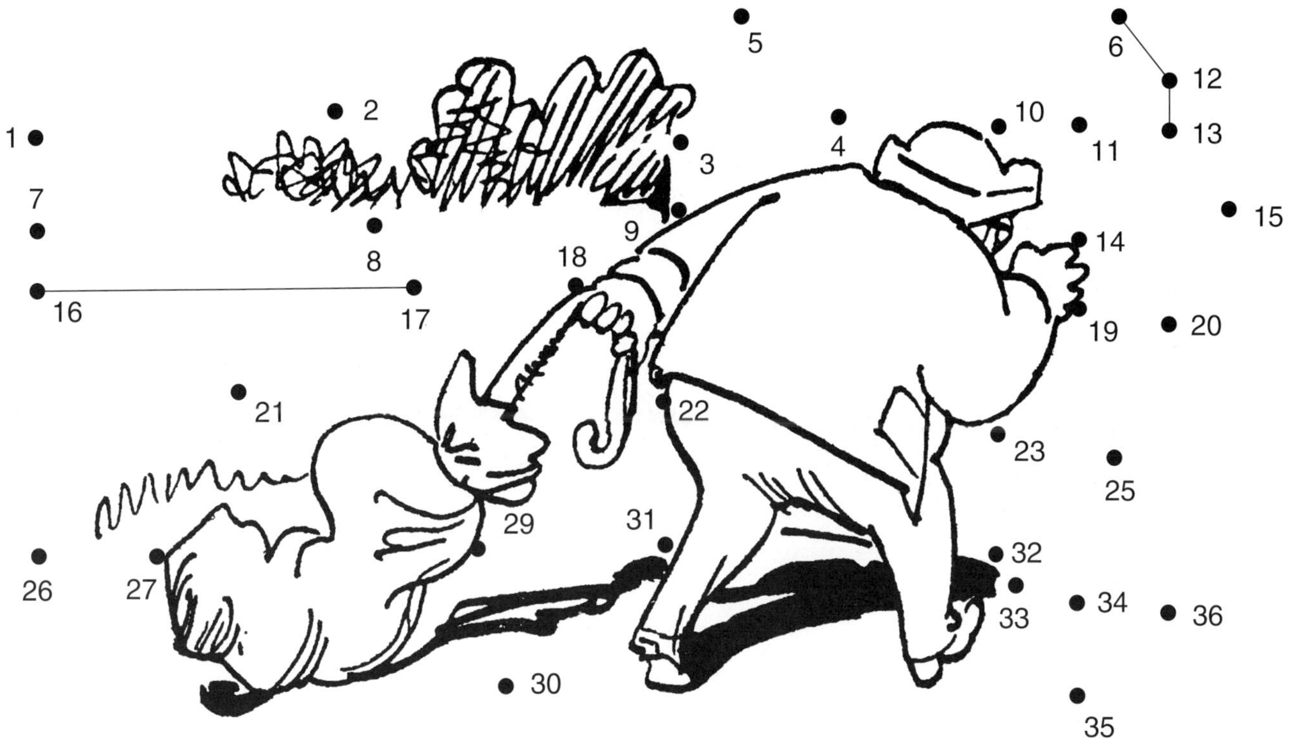

Darauf schließt er ihn für alle Fälle
In einen der leeren Hühnerställe.

Wort	s	ss	ß
Gan***s***	16–17	21–17	17–8
Stra__e	8–2	2–1	29–31
Lau__	7–8	1–7	7–17
Han__	33–34	7–21	21–26
flie__en	29–30	30–31	36–20
Me__ing	28–27	35–36	27–21
Pflanzenwuch__	3–5	22–29	35–33
Rei__verschluss	4–5	4–10	17–18
Schu__waffe	5–12	31–22	6–12
bü__en	12–13	13–15	26–27
Ke__el	15–20	11–14	15–19
äu__erst	15–14	15–10	23–32

Wort	s	ss	ß
Au__gang	10–11	34–32	24–25
Bi__	34–36	13–20	23–34
Ru__	17–29	29–18	3–9
Ga__	8–9	18–21	18–8
Wi__en	22–23	34–35	1–2
Preu__en	2–3	5–4	3–4
Ver__	7–16	7–28	28–27
Ro__	23–19	4–12	14–6
wei__	8–12	20–6	5–6
Hal__	11–13	6–13	5–11
Grei__	16–26	11–25	34–36
Ta__e	18–21	19–34	9–18

Lösungen:

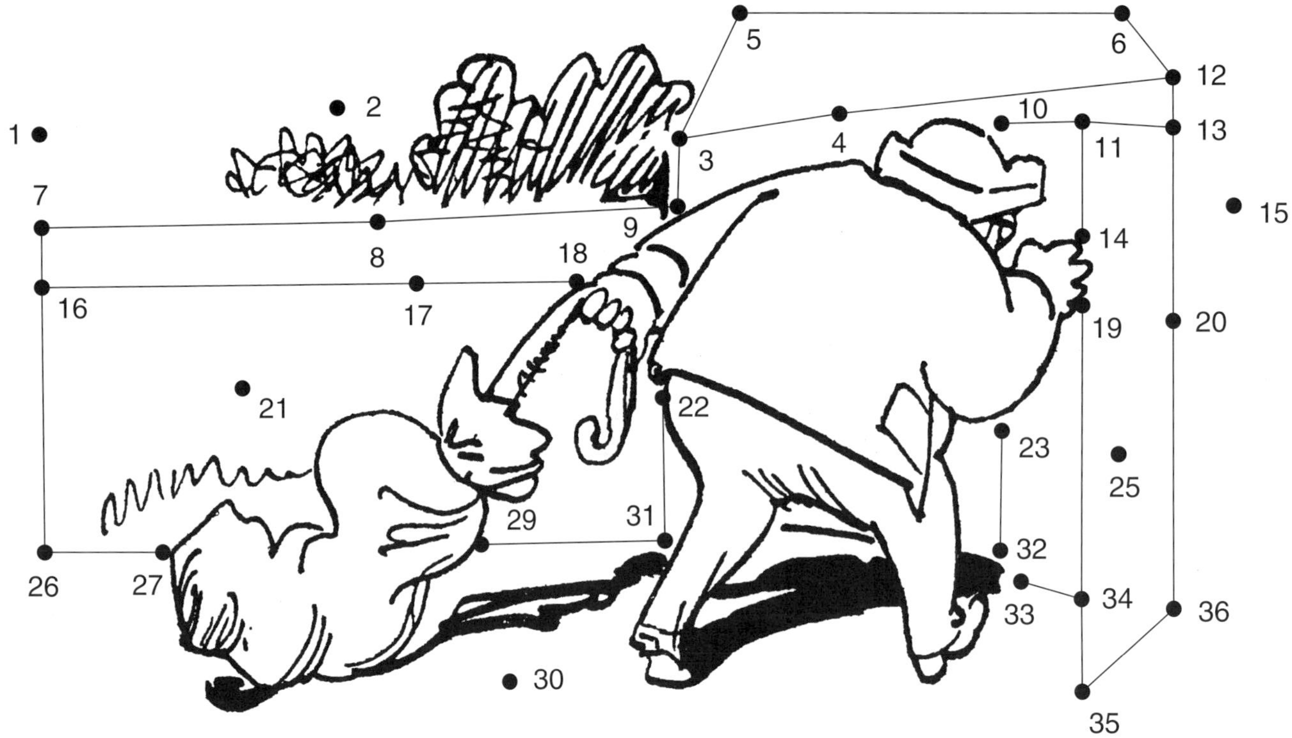

Wort	s	ss	ß
Gan***s***	16–17	21–17	17–8
Stra***ß***e	8–2	2–1	29–31
Lau***s***	7–8	1–7	7–17
Han***s***	33–34	7–21	21–26
flie***ß***en	29–30	30–31	36–20
Me***ss***ing	28–27	35–36	27–21
Pflanzenwuch***s***	3–5	22–29	35–33
Rei***ß***verschluss	4–5	4–10	17–18
Schu***ss***waffe	5–12	31–22	6–12
bü***ß***en	12–13	13–15	26–27
Ke***ss***el	15–20	11–14	15–19
äu***ß***erst	15–14	15–10	23–32

Wort	s	ss	ß
Au***s***gang	10–11	34–32	24–25
Bi***ss***	34–36	13–20	23–34
Ru***ß***	17–29	29–18	3–9
Ga***s***	8–9	18–21	18–8
Wi***ss***en	22–23	34–35	1–2
Preu***ß***en	2–3	5–4	3–4
Ver***s***	7–16	7–28	28–27
Ro***ss***	23–19	4–12	14–6
wei***ß***	8–12	20–6	5–6
Hal***s***	11–13	6–13	5–11
Grei***s***	16–26	11–25	34–36
Ta***ss***e	18–21	19–34	9–18

Wortableitungen als Rechtschreibhilfe (ä–e)

- Bestimme die richtigen Buchstaben (a, ä, oder e) und notiere sie!
- Schneide die Dominoteile aus!
- Lege die Dominoteile mit verwandten Wörtern nebeneinander!
- Es kann mit jedem beliebigen Teil begonnen werden!
- Selbstkontrolle: zusammenhängende einreihige Bildfolge!
- Schreibe die Wortpaare richtig in dein Heft!

Auftr_g / W_ge	Kl_tte / gef_hrlich
t_glich / W_g	Kl_ber / Gef_hr
K_rzen / kl_r	kl_ben / kl_ren
St_ngel / G_ms	T_g / G_mse
K_rze / sch_tzen	St_nge / St_ge
T_l / _ngste	St_dte / Sch_tz
Auftr_ge / St_nd	St_dt / h_rrlich
Kl_tten / _ngst	T_ler / St_g
Pf_rde / St_nde	Pf_rd / H_rr

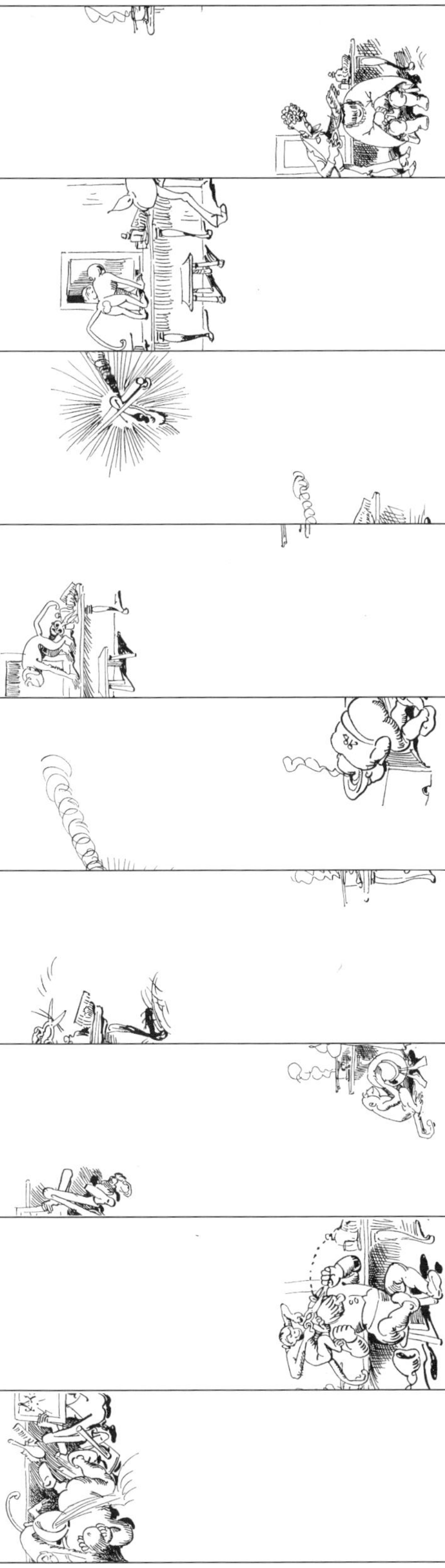
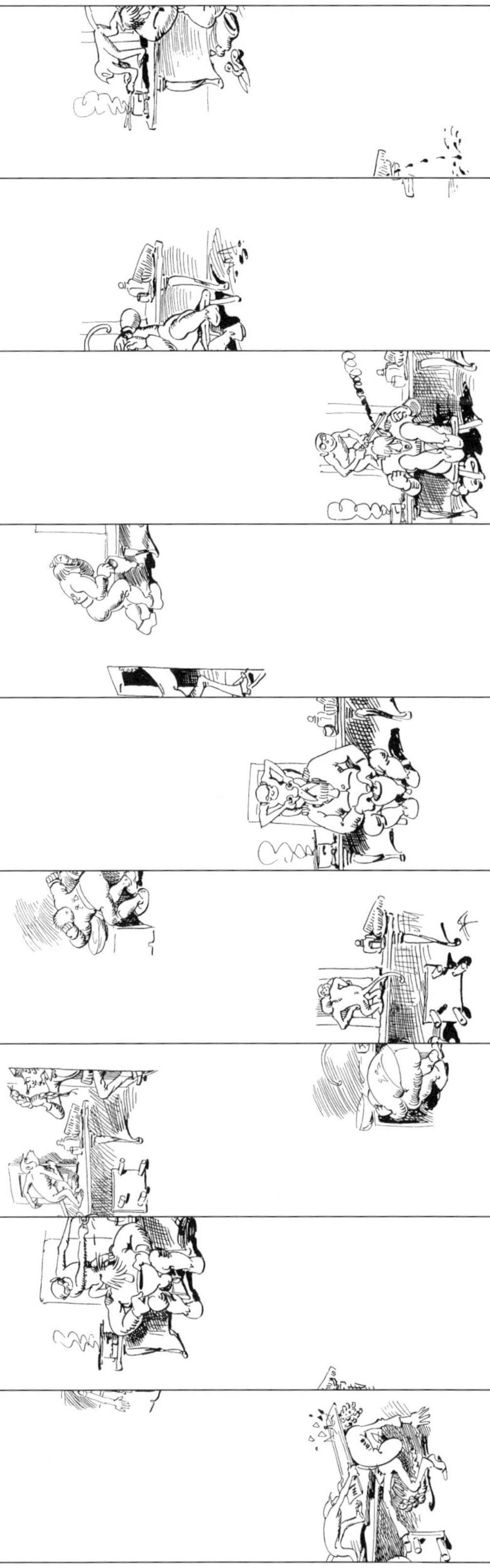

Lösungen:

Auftr***ä***ge St***a***nd	Auftr***a***g W***e***ge	t***ä***glich W***e***g	T***a***g G***ä***mse	St***ä***ngel G***a***ms	St***a***nge St***e***ge	T***ä***ler St***e***g	T***a***l ***Ä***ngste	Kl***e***tten ***A***ngst
Kl***e***tte gef***ä***hrlich	Kl***e***ber Gef***a***hr	kl***e***ben kl***ä***ren	K***e***rzen kl***a***r	K***e***rze sch***ä***tzen	St***ä***dte Sch***a***tz	St***a***dt h***e***rrlich	Pf***e***rd H***e***rr	Pf***e***rde St***ä***nde

Wortableitungen als Rechtschreibhilfe („eu“ oder „äu“)

Material: 1 Würfel, je Spieler 1 Spielfigur

Spielregel:
- 2 bis 4 Spieler
- Würfelt abwechselnd und rückt entsprechend vor!
- Wer auf ein Feld mit einem Wort mit „äu“ kommt, darf bis zum entsprechend verwandten Wort mit „au“ vorrücken!
- Bei Ⓟ musst du eine Runde aussetzen!
- Das Ziel muss genau erreicht werden!

Bei dem Duett sind stets zu sehn
Zwei Mäuler, welche offen stehn.

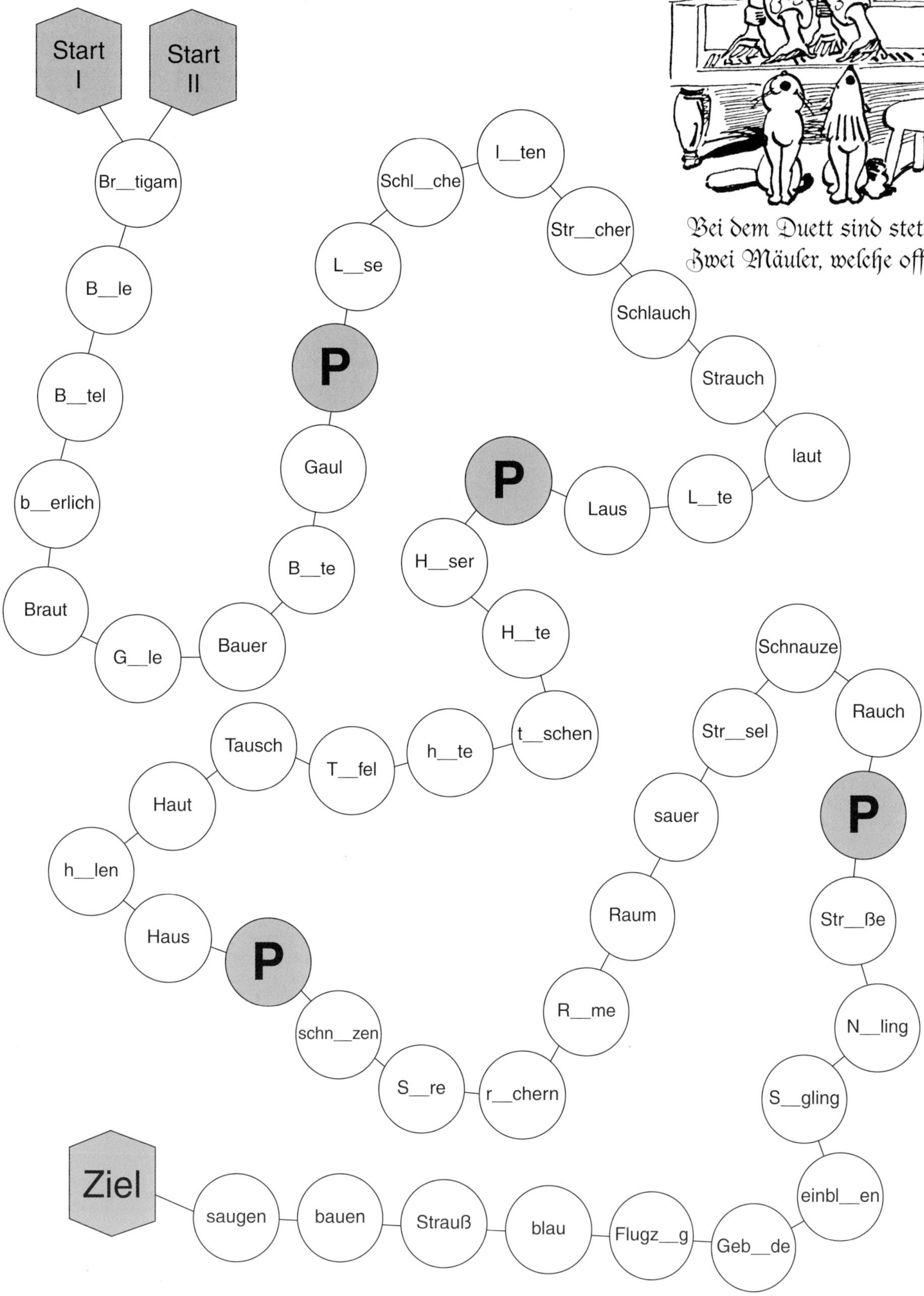

Lösungen:

Bräutigam	*Braut*
Beule	
Beutel	
bäuerlich	*Bauer*
Gäule	*Gaul*
Beute	
Läuse	*Laus*
Schläuche	*Schlauch*
läuten	*laut*
Sträucher	*Strauch*
Leute	
Häuser	*Haus*
Häute	*Haut*
täuschen	*Tausch*
heute	
Teufel	
heulen	
schnäuzen	*Schnauze*
Säure	*sauer*
räuchern	*Rauch*
Räume	*Raum*
Streusel	
Sträuße	*Strauß*
Neuling	
Säugling	*saugen*
einbläuen	*blau*
Gebäude	*bauen*
Flugzeug	

Wortableitungen als Rechtschreibhilfe (d – t)

- Entscheide, ob die Wörter mit d oder mit t geschrieben werden!
- Folge den richtigen Pfeilen bis zum jeweils nächsten Wort und markiere dabei den Weg!
- Trage die Wörter/Wortteile oben rechts aus den Quadraten entlang des Weges bei Lösungsspruch ein!
- Selbstkontrolle: Lösungsspruch!
- Schreibe auch alle Wörter richtig in dein Heft!

Start

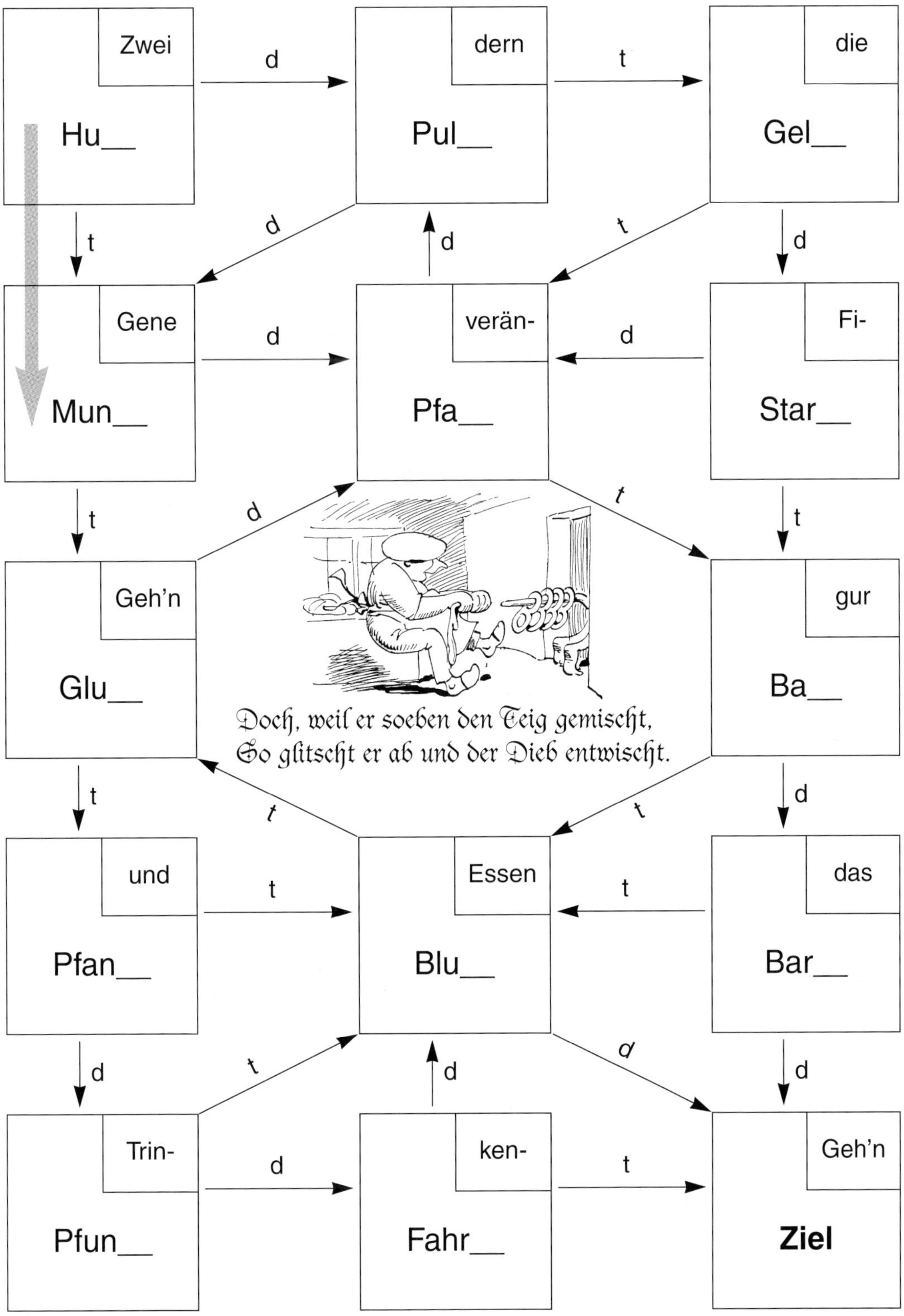

Lösungsspruch:

Zwei Gene ______________________________________ :

______________________________________ !

Lösungen:

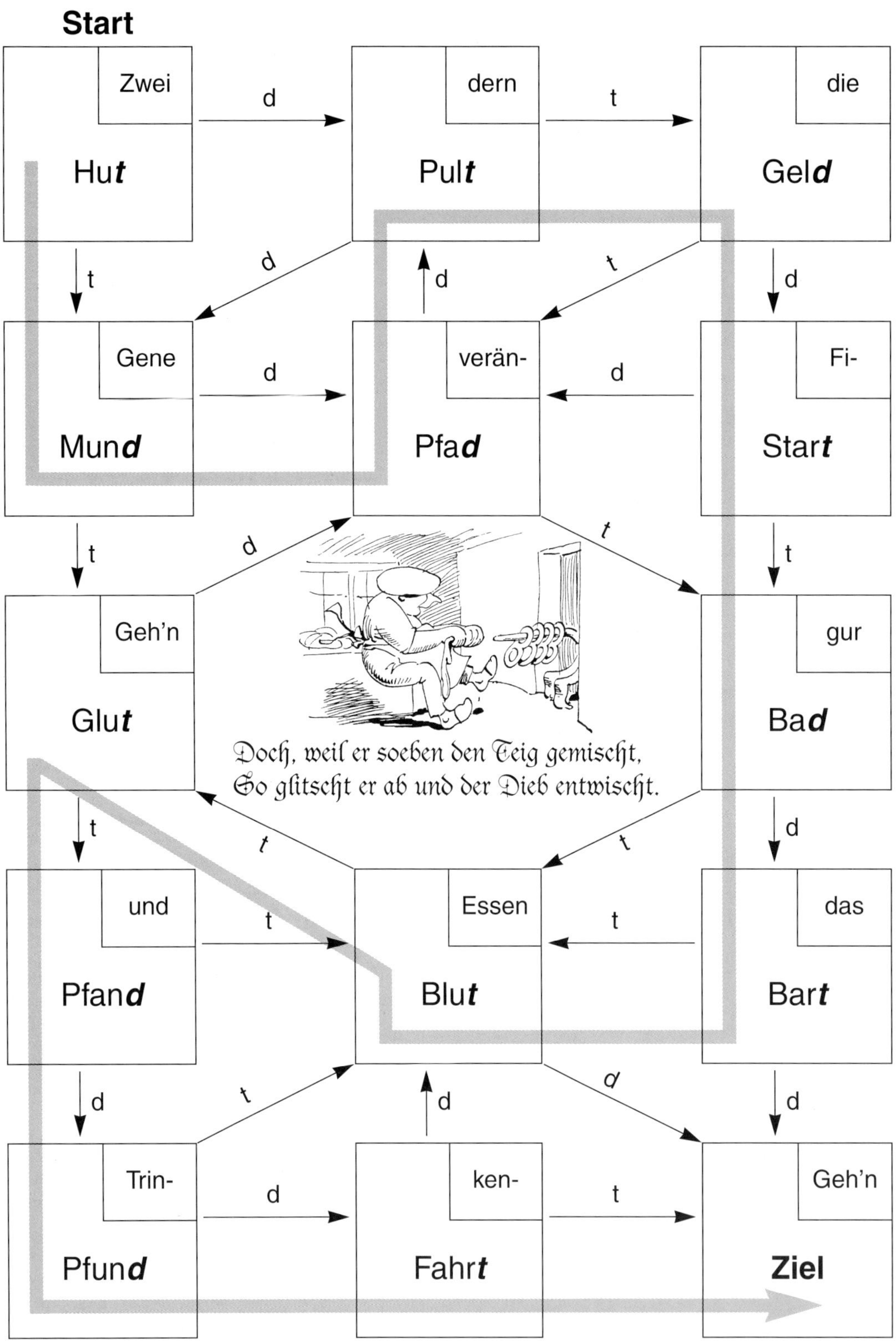

Lösungsspruch:

Zwei Gene verändern die Figur:
das Essen-Geh'n und Trinken-Geh'n!

Wortableitungen als Rechtschreibhilfe (b oder p oder pp, g oder k oder ck)

- Schneide die Dominoteile aus!
- Ergänze die fehlenden Buchstaben durch Ableiten!
- Lege die Dominoteile mit verwandten Wörtern nebeneinander!
- Es kann mit jedem beliebigen Teil begonnen werden!
- Selbstkontrolle: Bildfolge!
- Schreibe auch alle Wörter richtig in dein Heft!

Gra__	Stö***ck***e	Rin***g***e	Sto__
gra***b***en	klu__	weni***g***e Wörter	Al__
Rin__	schme***ck***en	sto***pp***en	Geschma__
Ban__	Lo***k***omotive	weni__	We***g***e
schlan__	Al***p***en	Ban***k***en Bän***k***e	We__
richti***g***e Lösung	Lo__	sto__!	Sä***ck***e
Lie***b***e	Ti__	blie__	Bö***ck***e
schlan***k***e Menschen	Bo__	lie__	klu***g***e Fragen
richti__	ti***pp***en	blei***b***en	Sa__

Lösungen:

lie***b***	Lie***b***e	richti***g***	richti***g***e Lösung	Ban***k***	Ban***k***en Bän***k***e	weni***g***	weni***g***e Wörter	schlan***k***

klu***g***e Fragen	Ti***pp***	ti***pp***en	Lo***k***	Lo***k***omotive	We***g***	We***g***e	Al***p***	Al***p***en
schlan***k***e Menschen	blie***b***	blei***b***en	sto***pp***!	sto***pp***en	Rin***g***	Rin***g***e	Gra***b***	gra***b***en

Bo***ck***	Bö***ck***e	Sa***ck***	Sä***ck***e	Geschma***ck***	schme***ck***en	Sto***ck***	Stö***ck***e	klu***g***

Wortableitungen: -ig/-lich/-bar

- Schneide die Memoryteile aus!
- Lege die Teile verdeckt und nach Formen geordnet in 2 Reihen aus!
- Ziehe immer gleichzeitig ein Quadrat und ein Rechteck und schau, ob du daraus ein Wort bilden kannst!
- Selbstkontrolle: gleiche Strichmuster am Rand!
- Ist das nicht möglich, lege beide Teile verdeckt an ihren Platz zurück!
- Spiele zusammen mit deiner Nachbarin/deinem Nachbarn! Wer entdeckt die meisten Wörter?
- Schreibe auch alle Wörter richtig in dein Heft!

plötz-	glück-	schreck-	heim-
pünkt-	furcht-	wunder-	frucht-
gang-	mach-	nütz-	dreck-
eil-	häuf-	völl-	vorsicht-

-lich	-lich	-lich	-lich	-lich	-lich
-bar	-bar	-bar	-bar	-bar	-ig
-ig	-ig	-ig	-ig		

Also sicher wären Diese. –
Aber ach, wo ist Else??!

Lösungen:

wunder-	-bar
mach-	-bar
gang-	-bar
furcht-	-bar
frucht-	-bar

heim-	-lich
plötz-	-lich
nütz-	-lich
pünkt-	-lich
glück-	-lich
schreck-	-lich

dreck-	-ig
völl-	-ig
eil-	-ig
häuf-	-ig
vorsicht-	-ig

Verwandte Wörter als Rechtschreibhilfe

- Ergänze die fehlenden Buchstaben!
- Schneide dann die Dominoteile aus!
- Ordne jedem gefundenen Wort zur Kontrolle immer das entsprechende verwandte Wort zu: nach rechts oder darunter anlegen!
- Es kann mit jedem beliebigen Teil begonnen werden!
- Selbstkontrolle: Bild!
- Schreibe auch alle Wörter richtig in dein Heft!

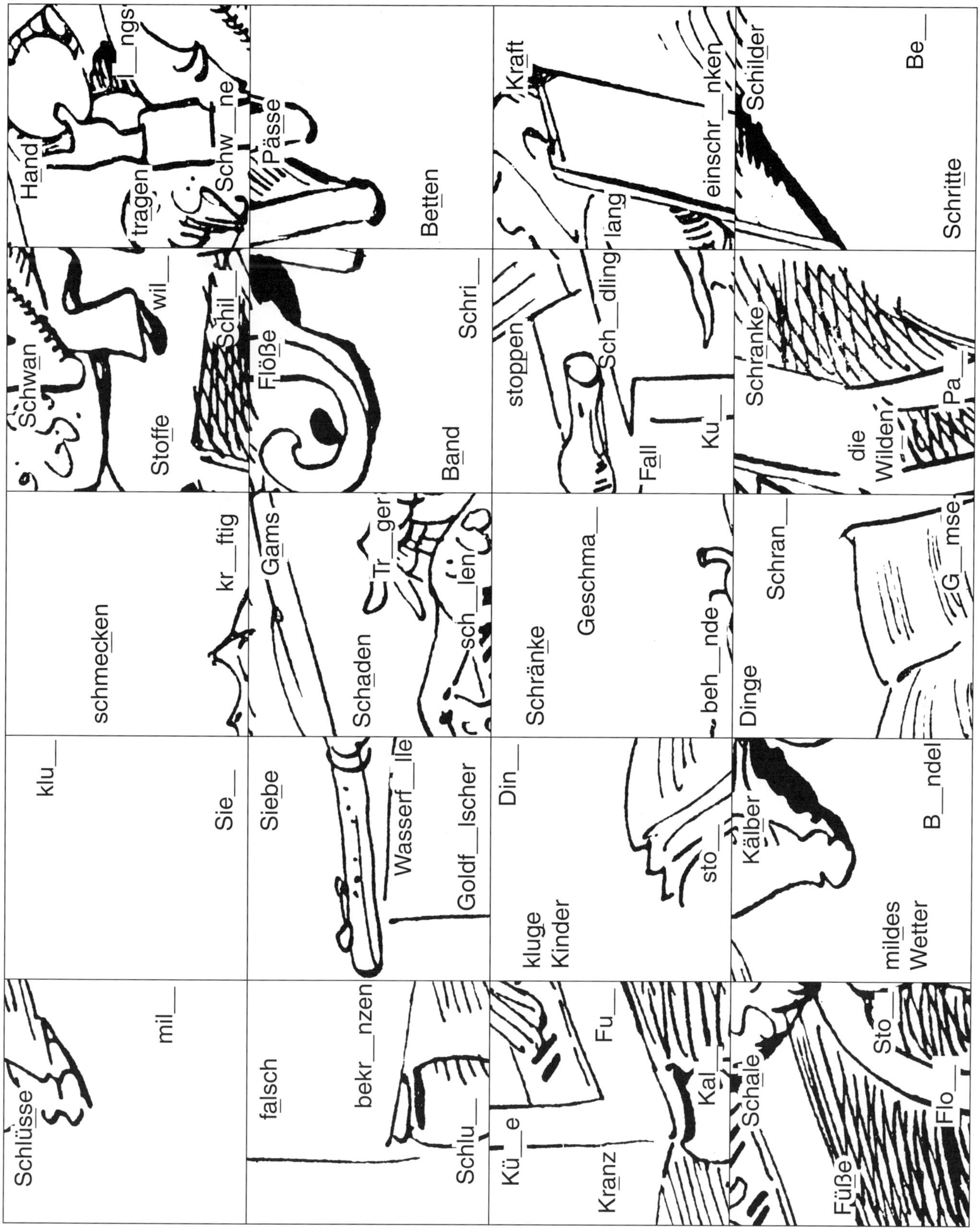

Lösungen:

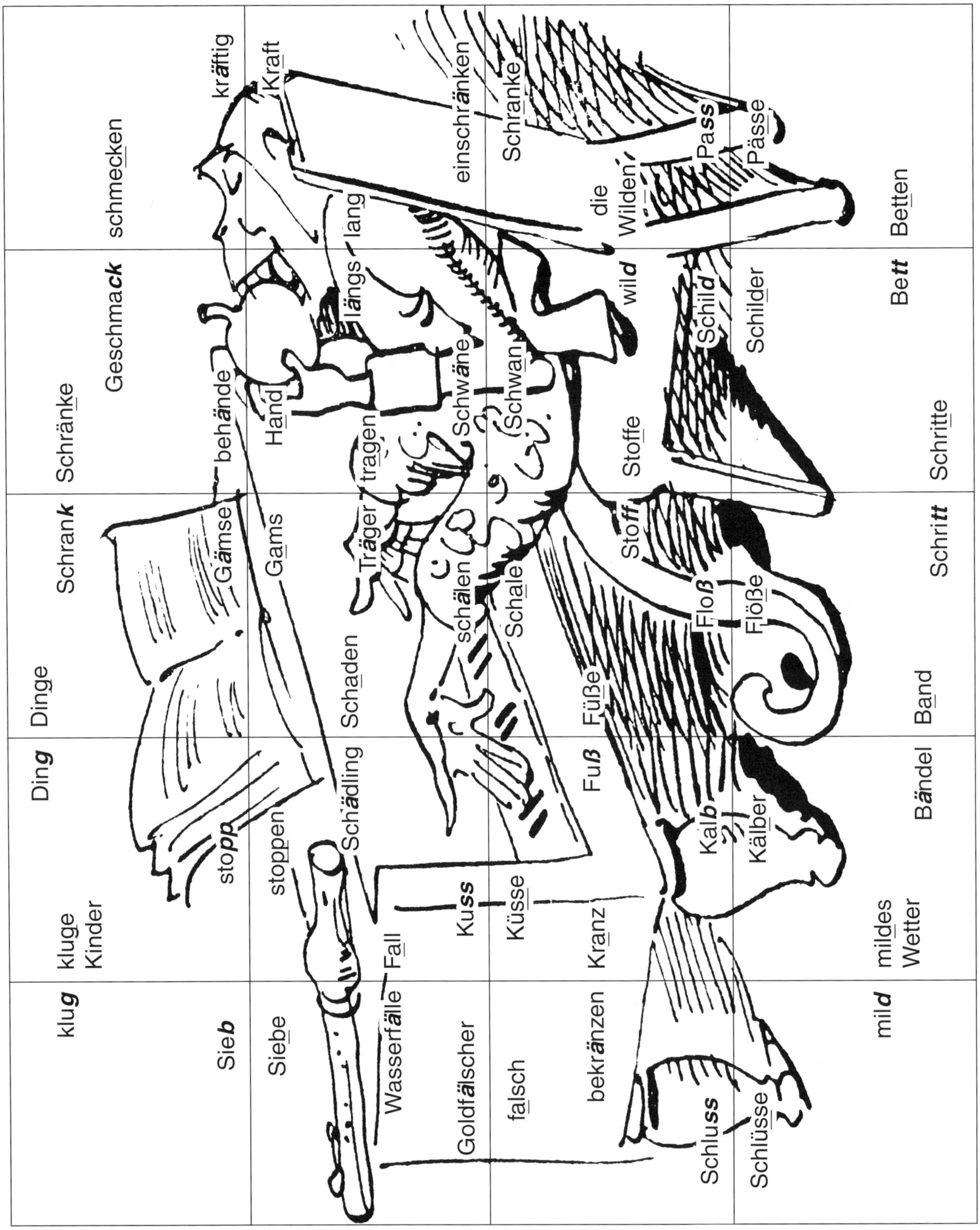

klug
kluge Kinder
Ding
Dinge
Schrank
Schränke
Geschmack
schmecken
Sieb
stopp
Gämse
behände
kräftig
Siebe
stoppen
Gams
Hand
Kraft
Schädling
Schaden
Träger
tragen
längs
lang
Wasserfälle
Fall
Goldfälscher
Kuss
schälen
Schwäne
einschränken
falsch
Küsse
Schale
Schwan
Schranke
bekränzen
Kranz
Fuß
Füße
Stoff
Stoffe
wild
die Wilden
Schluss
Kalb
Floß
Schild
Pass
Schlüsse
Kälber
Flöße
Schilder
Pässe
mild
mildes Wetter
Bändel
Band
Schritt
Schritte
Bett
Betten

Erhalt der Doppelschreibung

- Hier sind 13 zusammengesetzte Wörter versteckt (waagerecht und senkrecht), bei denen End- und Anfangsbuchstabe erhalten bleiben und die daher mit **demselben** Buchstaben beginnen.
- Suche diese Wörter und male die entsprechenden Buchstabenfelder aus!
- Selbstkontrolle: neues Wort!
- Schreibe die gefundenen Wörter auch hier auf:

A	B	T	L	F	G	H	I	O	S	S	O	A	R	P	Q	A	L	K	I	O	P	Q	A	B	C	T	R	G	S	O	S	V	W	R	Q	T	L	A	I	U	U	S	T	L	P	S	Q
B	C	D	B	D	F	K	L	R	S	T	O	S	O	A	I	U	L	P	Q	R	V	V	Z	Y	C	A	B	S	R	L	M	N	M	A	C	D	P	Q	R	B	C	D	G	R	F	P	L
T	S	T	U	H	L	L	E	H	N	E	L	P	Y	K	A	U	F	F	R	A	U	[redacted]	[redacted]	O	V	O	R	R	A	N	G	I	G	F	H	A	A	R	R	I	S	S	E	Q	I	H	N
V	T	B	C	D	A	W	R	T	S	V	W	R	X	U	A	X	V	E	P	Q	U	T	[redacted]	N	O	L	P	Y	X	I	B	V	[redacted]	A	[redacted]	A	T	P	N	J	K	M	R	P	Q	P	O
Z	R	I	O	I	U	A	L	M	R	O	S	U	P	R	B	O	U	H	H	T	N	O	[redacted]	S	R	M	N	M	N	U	Z	V	[redacted]	B	[redacted]	R	Q	T	O	O	S	C	R	J	R	S	G
R	A	N	N	E	H	M	B	A	R	T	T	N	Z	Z	W	Y	G	D	C	W	V	S	[redacted]	P	R	R	V	I	H	G	F	W	[redacted]	G	[redacted]	S	H	I	M	N	R	E	F	Q	B	C	D
R	F	O	L	R	Q	L	S	T	Z	V	W	G	R	Z	I	E	L	L	A	U	F	[redacted]	[redacted]	Q	E	I	N	N	A	H	M	E	N	H	B	R	O	T	T	E	I	G	[redacted]	P	J	R	K
B	F	L	D	E	F	A	E	L	K	J	Ä	G	S	E	B	A	F	Y	C	Y	X	X	W	W	C	L	M	X	C	Y	Z	G	F	J	M	U	Q	T	P	O	K	V	[redacted]	Z	A	T	W
S	R	G	C	Q	P	Z	T	B	G	I	A	R	Y	I	C	Z	Z	E	J	D	Y	K	L	V	H	U	X	Y	Q	R	O	U	G	T	L	S	M	R	W	Q	Q	V	[redacted]	V	Y	S	V
T	E	D	R	B	O	D	M	F	C	D	C	U	Z	T	D	H	I	U	N	X	A	Y	A	Z	N	R	T	S	M	N	D	F	M	E	K	P	T	M	H	I	W	L	[redacted]	X	J	G	Q
Q	I	C	U	E	D	E	N	H	T	J	I	B	E	I	Z	B	A	E	D	D	Z	C	W	I	E	H	I	J	B	C	V	O	P	Q	L	E	V	R	M	S	N	O	[redacted]	S	R	P	C
W	V	F	R	W	G	J	S	I	Z	K	L	E	K	G	L	F	E	I	V	C	A	E	B	J	N	G	X	X	D	W	K	L	S	X	A	U	F	F	A	H	R	E	N	K	N	O	M
Z	T	U	V	F	K	G	J	A	W	X	I	H	H	G	X	Y	D	F	I	F	B	E	C	G	F	L	G	Y	Z	H	I	A	W	V	U	L	M	T	P	N	O	B	J	I	J	H	R

straffrei

Piano klingt auf diese Weise
Besonders innig, weich und leise.

Jetzt stimmen ein mit Herz und Mund
Der Kater Gripps und Schnipps der Hund.

Bei dem Duett sind stets zu sehn
Zwei Mäuler, welche offen stehn.

Lösungen:

A	B	T	L	F	G	H	I	O	S	S	O	A	R	P	Q	A	L	K	I	O	P	Q	A	B	C	T	R	G	S	O	S	V	W	R	Q	T	L	A	I	U	U	S	T	L	P	S	Q
B	C	D	B	D	F	K	L	R	S	T	O	S	O	A	I	U	L	P	Q	R	V	V	Z	Y	C	A	B	S	R	L	M	N	M	A	C	D	P	Q	R	B	C	D	G	R	F	P	L
T	S	T	U	H	L	L	E	H	N	E	L	P	Y	K	A	U	F	F	R	A	U			O	V	O	R	R	A	N	G	I	G	F	H	A	A	R	R	I	S	S	E	Q	I	H	N
V	T	B	C	D	A	W	R	T	S	V	W	R	X	U	A	X	V	E	P	Q	U	T		N	O	L	P	Y	X	I	B	V		A		A	T	P	N	J	K	M	R	P	Q	P	O
Z	R	I	O	I	U	A	L	M	R	O	S	U	P	R	B	O	U	H	H	T	N	O		S	R	M	N	M	N	U	Z	V		B		R	Q	T	O	O	S	C	R	J	R	S	G
R	A	N	N	E	H	M	B	A	R	T	T	N	Z	Z	W	Y	G	D	C	W	V	S		P	R	R	V	I	H	G	F	W		G		S	H	I	M	N	R	E	F	Q	B	C	D
R	F	O	L	R	Q	L	S	T	Z	V	W	G	R	Z	I	E	L	L	A	U	F			Q	E	I	N	N	A	H	M	E	N	H	B	R	O	T	T	E	I	G		P	J	R	K
B	F	L	D	E	F	A	E	L	K	J	Ä	G	S	E	B	A	F	Y	C	Y	X	X	W	W	C	L	M	X	C	Y	Z	G	F	J	M	U	Q	T	P	O	K	V		Z	A	T	W
S	R	G	C	Q	P	Z	T	B	G	I	A	R	Y	I	C	Z	Z	E	J	D	Y	K	L	V	H	U	X	Y	Q	R	O	U	G	T	L	S	M	R	W	Q	Q	V		V	Y	S	V
T	E	D	R	B	O	D	M	F	C	D	C	U	Z	T	D	H	I	U	N	X	A	Y	A	Z	N	R	T	S	M	N	D	F	M	E	K	P	T	M	H	I	W	L		X	J	G	Q
Q	I	C	U	E	D	E	N	H	T	J	I	B	E	I	Z	B	A	E	D	D	Z	C	W	I	E	H	I	J	B	C	V	O	P	Q	L	E	V	R	M	S	N	O		S	R	P	C
W	V	F	R	W	G	J	S	I	Z	K	L	E	K	G	L	F	E	I	V	C	A	E	B	J	N	G	X	X	D	W	K	L	S	X	A	U	F	F	A	H	R	E	N	K	N	O	M
Z	T	U	V	F	K	G	J	A	W	X	I	H	H	G	X	Y	D	F	I	F	B	E	C	G	F	L	G	Y	Z	H	I	A	W	V	U	L	M	T	P	N	O	B	J	I	J	H	R

straffrei ***kurzzeitig*** ***vorrangig*** ***Haarrisse***

Stuhllehne ***Kauffrau*** ***vorrechnen*** ***Brotteig***

annehmbar ***Ziellauf*** ***Einnahmen*** ***auffahren***

Sprunggrube

Nomen erkennen

Material: 1 Würfel, je Spieler 1 Spielfigur

Spielregel:

- 2 bis 4 Spieler
- Würfelt abwechselnd und rückt entsprechend vor!
- Wer auf ein Feld mit einem Nomen kommt, darf bis zum nächsten Feld mit Nomen vorrücken!
- Bei [!] darfst du abkürzen und bei [P] dich eine Runde ausruhen!
- Das Ziel muss genau erreicht werden!
- Schreibe die Nomen in dein Heft!

Drohend mit Zorngeberde erhebt er den schlanken Spazierstock.

Start – MÜHSAL – MÜHSELIG – EIGENSCHAFT – SCHNELL – FEIGE SEIN – ! – FEIGLING – MANNSCHAFT – LANDSCHAFT – MAN – SCHAFFEN – P – BEFREUNDET – FREUND-SCHAFT – QUALITÄT – QUER – ! – TIERISCH – KONTO – SAUER – P – SÄURE – BILLIG – AUTO – ! – GROLL – GRUPPIEREN – GROLLEN – GRUPPE – P – TIPPEN – ABENDS – ABEND – TIPP – ÄNGSTLICH – ÄRGERLICH – REICH – REICHTUM – ! – ÄRGER – ANGST – RELIGION – P – TEUER – TEUERUNG – TREUE – EIGENTUM – EIGENART – EIGEN – SCHICKEN – SCHICKSAL – GESCHICKT – GESCHICHTE – SCHICHTEN – ZIEL

Wehe, durch Gummi verklebt, fest haftet das nützliche Sacktuch.

Wehe, die Nase hernieder, in's Mundloch rieselt die Tinte.

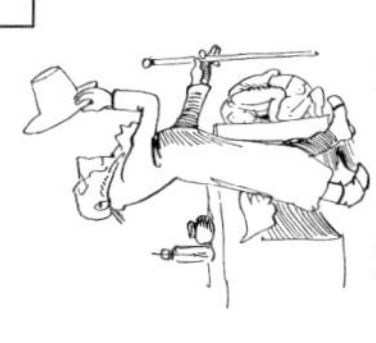

Also sprach der Professor, erhub sich und setzte den Hut auf.

Lösungen:

Folgende Nomen kommen im Spiel vor:

Mühsal
Eigenschaft
Feigling
Mannschaft
Landschaft
Freundschaft
Qualität
Konto
Säure
Auto
Groll
Gruppe
Abend
Tipp
Reichtum
Ärger
Angst
Religion
Teuerung
Treue
Eigentum
Eigenart
Schicksal
Geschichte

Nomen erkennen

- Von den 43 Wörtern im Bild sind 25 Nomen.
- Trage nur diese **Nomen** in das Kreuzworträtsel ein!
- Die durch Zahlen gekennzeichneten Buchstaben ergeben in der richtigen Reihenfolge die Lösung.
- Trage diese rechts bei „Lösungswörter“ ein!
- Selbstkontrolle: Name eines bekannten Schriftstellers!
- Tipp: Ins Kreuzworträtsel eingetragene Wörter oben im Bild durchstreichen.

Dümmel legt an. – Er zielt. – Er drückt. –

Lösungswörter:

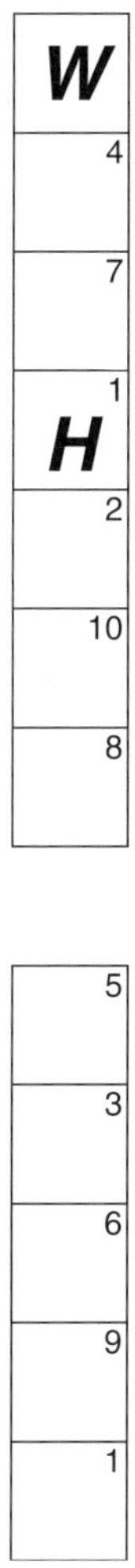

Lösungen:

	T		Z	A	H	L [10]		D
F	O	T	O		B [5]	A	D	A
	R		O	H [1]	R			M
					A	F	F	E [2]
P	U	L [7]	T	A	U	T	O	
U			H		C		F	
L			U		H	A	U	S [6]
S	A	M [8]	T				T	
		A		F			T	
	D	U	F	E	L	S	E	N
G	A	S		R			R	A
	C [9]		S	I [4]	E	G		T
	H	O	S	E				U [3]
				N	O	T	A	R

Lösungswörter:

W
I [4]
L [7]
H [1]
E [2]
L [10]
M [8]

B [5]
U [3]
S [6]
C [9]
H [1]

Typische Wortendungen bei Nomen (-heit, -keit, -nis, -ung, -schaft, -sal, -tum)

- Bilde Nomen aus den Stammwörtern (1. Spalte) und den richtigen Endungen!
- Schreibe die Nomen in die letzte Spalte!
- In den entsprechenden „Endungs"-Spalten findst du die Wörter eines Lösungsspruchs.
- Kreise sie ein und trage sie unter der Tabelle ein!
- Selbstkontrolle: Lösungsspruch!
- Schreibe auch alle Wörter aus der letzten Spalte richtig in dein Heft!

Stammwort	-heit	-keit	-nis	-ung	-schaft	-sal	-tum	Nomen
kreuzen	An	Zu	Um	In	Von	Alle	Bald	*Kreuzung*
dumm	jenem	Anfang	alle	Tag	jetzt	an	und	
kühn	Haus	Hotel	geht,	kommt	kann	er	Hütte	
versorgen	ab	an,	um	da,	auf,	nie	auch	
mühen	Fipps	auf	Hut	Haus	Anfang	so	immer	
Held	wenn	geht	steht,	und	er	Bauer	fügt's	
erleben	die	er	der	Mann	Kind	lang	Hals	
tapfer	Erde,	Himmel,	Teufel,	Gott,	Bauer,	Wagen,	Wind,	
Freund	geht	gibt	steht	ging	wohnt	kommt	kann	
übel	nicht	grad	immer	in	von	bald	wohl	
Mann	das	die	er	auf	der	Hof	und	
scheu	anders	dieser	jener	keiner	gut	bewusste	Dauer	
beschreiben	Junge	Frau	Haus	Bauer	Vogel	Hühner	Küken	
brauchen	Fipps.	Müller.	Meister.	Mann.	wohnt.	auch.	Dümmel.	
Tor	Und	Dann	Aber	Auch	Bald	Kaum	Immer	
klug	Dümmels	Müllers	geht	kann	piepsen	kommen	laufen	
finster	Henne	Hahn	Küchlein	Kind	Frau	Hund	Schwein	
schicken	bellen	laufen	krähen	schreien	schimpfen	piepsen	kommen	
reich	freudig,	gut,	laut,	schnell,	kaum,	neu,	bang,	
Graf	nun	auch	jetzt	kann	denn	nie	oder	
geschwind	Dümmel	Fipps	Affe	Meister	Schneider	wird	immer	
eitel	geht	zieht	läuft	kommt	er	rennt	lebt	
begründen	nun	ihm	ihr	ihnen	auch	dem	Kind	
Ärger	der	es	die	das	in	auf	auch	
irren	Schnäbel	Flügel	Beine	Finger	Ohren	Füße	Hälse	
rinnen	grün.	dünn.	grau.	gelb.	breit.	lang.	dick.	

Lösungssatz: ***In*** ______, ______, ______.

Lösungen:

Stammwort	-heit	-keit	-nis	-ung	-schaft	-sal	-tum	Nomen
kreuzen	An	Zu	Um	In	Von	Alle	Bald	***Kreuzung***
dumm	jenem	Anfang	alle	Tag	jetzt	an	und	***Dummheit***
kühn	Haus	Hotel	geht,	kommt	kann	er	Hütte	***Kühnheit***
versorgen	ab	an,	um	da,	auf,	nie	auch	***Versorgung***
mühen	Fipps	auf	Hut	Haus	Anfang	so	immer	***Mühsal***
Held	wenn	geht	steht,	und	er	Bauer	fügt's	***Heldentum***
erleben	die	er	der	Mann	Kind	lang	Hals	***Erlebnis***
tapfer	Erde,	Himmel,	Teufel,	Gott,	Bauer,	Wagen,	Wind,	***Tapferkeit***
Freund	geht	gibt	steht	ging	wohnt	kommt	kann	***Freundschaft***
übel	nicht	grad	immer	in	von	bald	wohl	***Übelkeit***
Mann	das	die	er	auf	der	Hof	und	***Mannschaft***
scheu	anders	dieser	jener	keiner	gut	bewusste	Dauer	***Scheusal***
beschreiben	Junge	Frau	Haus	Bauer	Vogel	Hühner	Küken	***Beschreibung***
brauchen	Fipps.	Müller.	Meister.	Mann.	wohnt.	auch.	Dümmel.	***Brauchtum***
Tor	Und	Dann	Aber	Auch	Bald	Kaum	Immer	***Torheit***
klug	Dümmels	Müllers	geht	kann	piepsen	kommen	laufen	***Klugheit***
finster	Henne	Hahn	Küchlein	Kind	Frau	Hund	Schwein	***Finsternis***
schicken	bellen	laufen	krähen	schreien	schimpfen	piepsen	kommen	***Schicksal***
reich	freudig,	gut,	laut,	schnell,	kaum,	neu,	bang,	***Reichtum***
Graf	nun	auch	jetzt	kann	denn	nie	oder	***Grafschaft***
geschwind	Dümmel	Fipps	Affe	Meister	Schneider	wird	immer	***Geschwindigkeit***
eitel	geht	zieht	läuft	kommt	er	rennt	lebt	***Eitelkeit***
begründen	nun	ihm	ihr	ihnen	auch	dem	Kind	***Begründung***
Ärger	der	es	die	das	in	auf	auch	***Ärgernis***
irren	Schnäbel	Flügel	Beine	Finger	Ohren	Füße	Hälse	***Irrtum***
rinnen	grün.	dünn.	grau.	gelb.	breit.	lang.	dick.	***Rinnsal***

Lösungssatz: ***In jenem Haus da, so fügt's der Himmel, wohnt grad der bewusste Bauer Dümmel. Und Dümmels Küchlein piepsen bang, denn Fipps zieht ihnen die Hälse lang.***

Anredepronomen

- Entscheide ob die Pronomen groß (g) oder klein (k) geschrieben werden!
- Kreise die zugehörigen Zahlen und Farbbezeichnungen ein!
- Male die Bilder entsprechend aus!
- Selbstkontrolle: Zwei Bilder sind genau gleich gefärbt!
- Schreibe den ganzen Text richtig in dein Heft!

Höchst besorgt, wie eine Amme,
Rutscht er abwärts an dem Stamme.

Protokoll eines Gesprächs zwischen Lehrer und Schüler:

„Bitte schicken SIE (g: 4 braun / k: 4 gelb) MEINEN (g: 8 grün / k: 7 gelb) Eltern keinen Brief!“

„Warum meinst DU (g: 3 rot / k: 10 blau), sollte ICH (g: 6 gelb / k: 12 braun) das nicht tun?“

„Weil SIE (g: 14 rot / k: 14 braun) MIR (g: 15 gelb / k: 9 braun) unbedingt glauben müssen!“

„Das hast DU (g: 13 grün / k: 2 rot) schon einmal versprochen und DEINE (g: 7 braun / k: 15 gelb) Eltern sollten das wissen.“

„Ich weiß, dass ich IHRE (g: 1 gelb / k: 5 rot) Geduld schon lange auf die Probe gestellt habe, aber ICH (g: 1 rot / k: 8 gelb) verspreche IHNEN (g: 13 rot / k: 2 braun), dass ICH (g: 12 blau / k: 5 gelb) SIE (g: 11 gelb / k: 9 braun) nie mehr anlügen werde.“

„Gut, WIR (g: 11 braun / k: 3 blau) werden es noch ein letztes Mal versuchen, aber eins verspreche ich DIR (g: 10 gelb / k: 6 grün), das ist wirklich das letzte Mal.“

Lösungen:

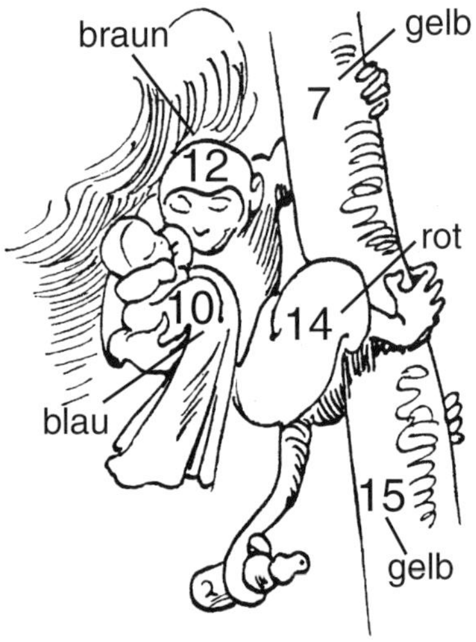

Diese 2 Bilder sind gleich.

Protokolle eines Gesprächs zwischen Lehrer und Schüler:

„Bitte schicken SIE (g: **4 braun** / k: 4 gelb) MEINEN (g: 8 grün / k: **7 gelb**) Eltern keinen Brief!"

„Warum meinst DU (g: 3 rot / k: **10 blau**), sollte ICH (g: 6 gelb / k: **12 braun**) das nicht tun?"

„Weil SIE (g: **14 rot** / k: 14 braun) MIR (g: 15 gelb / k: **9 braun**) unbedingt glauben müssen!"

„Das hast DU (g: 13 grün / k: **2 rot**) schon einmal versprochen und DEINE (g: 7 braun / k: **15 gelb**) Eltern sollten das wissen."

„Ich weiß, dass ich IHRE (g: **1 gelb** / k: 5 rot) Geduld schon lange auf die Probe gestellt habe, aber ICH (g: 1 rot / k: **8 gelb**) verspreche IHNEN (g: **13 rot** / k: 2 braun), dass ICH (g: 12 blau / k: **5 gelb**) SIE (g: **11 gelb** / k: 9 braun) nie mehr anlügen werde."

„Gut, WIR (g: 11 braun / k: **3 blau**) werden es noch ein letztes Mal versuchen, aber eins verspreche ich DIR (g: 10 gelb / k: **6 grün**), das ist wirklich das letzte Mal."

Zusammengesetzte Nomen (unterschiedliche Wortarten)

- Schneide die Memoryteile aus!
- Lege die Teile verdeckt und nach Formen geordnet in 2 Reihen aus!
- Ziehe immer gleichzeitig ein Quadrat und ein Rechteck und schau, ob du daraus ein Wort bilden kannst!
- Selbstkontrolle: gleiche Strichmuster am Rand!
- Ist das nicht möglich, lege beide Teile verdeckt an ihren Platz zurück!
- Spiele zusammen mit deiner Nachbarin/deinem Nachbarn! Wer entdeckt die meisten Wörter?
- Schreibe auch alle Wörter richtig in dein Heft!

Sanft legt er Elisen nieder.
Sie hat ihre Eltern wieder;
Und die Flasche steht dabei,
Falls Elise durstig sei.

	Pferd	Fink
Planke	Arbeit	Weg
Haube	Schule	Fall
Haus	Zeichen	Löffel
Mittel	Meise	Metall

grün	(zu)rück
über	ess(en)
renn(en)	edel
fahr(en)	schwarz
kenn(en)	blau
kühl	treib(en)
trocken	leit(en)

Lösungen:

Blaumeise
Edelmetall
Esslöffel
Fahrschule
Grünfink
Kennzeichen

Kühlmittel	*oder*	*Kühlhaus*
Treibhaus		*Treibmittel*

Leitplanke
Rennpferd
Schwarzarbeit
Trockenhaube

Überfall	*oder*	*Überweg*
Rückweg		*Rückfall*

Nomen (Substantivierungen) erkennen

- Entscheide, ob die Wörter groß oder klein geschrieben werden!
- Unterstreiche die Zahlen unter jedem groß geschriebenen Wort (auch am Satzanfang!), suche sie im Bild auf und male die entsprechenden Felder mit einer Farbe (Bleistift) an!
- Selbstkontrolle: Bildfigur!
- Schreibe die Geschichte mit Groß- und Kleinschreibung richtig in dein Heft!

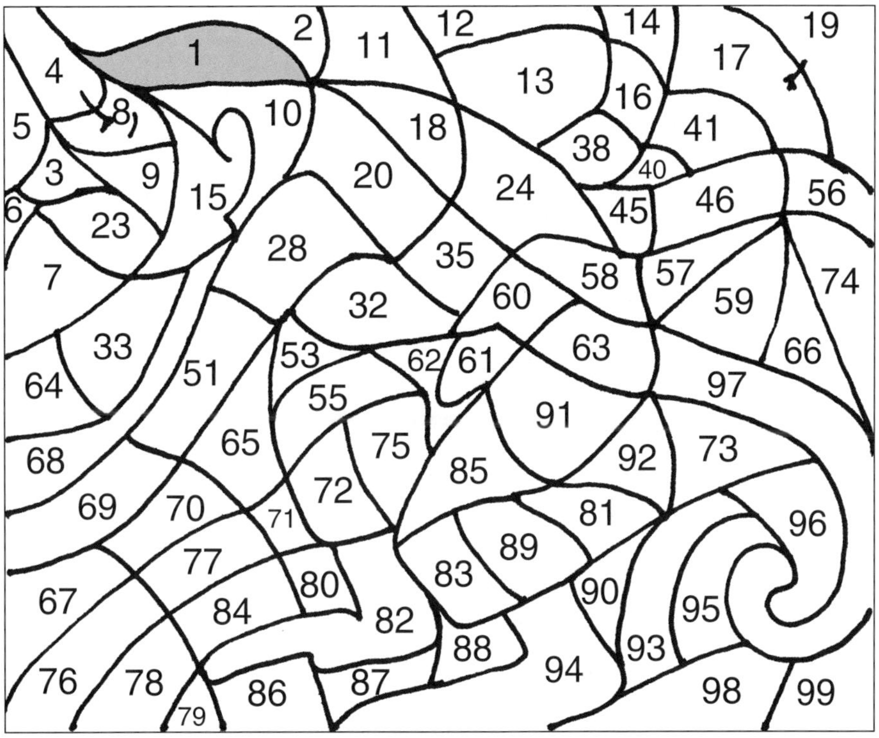

Fipps, DER AFFE, WAR SCHON EIN BESONDERES TIER. DAS BESONDERE AN IHM WAREN
1 2 3 4 5 6 7 8 9 10 11 12 13

SEINE SPÄßE UND SEIN DRANG, ALLE LEBEWESEN ZU ÄRGERN. DIESES ÄRGERN MACHTE
14 15 16 17 18 19 20 21 22 23 24 25

IHN UNBELIEBT. OBWOHL ER BEI DEN MENSCHEN NICHT NUR SCHLECHTES, SONDERN
26 27 28 29 30 31 32 33 34 35 36

AUCH SCHÖNES ERLEBTE, WURDE ER NIE WIRKLICH BRAV. NUR EINMAL LIEß ER SEIN
37 38 39 40 41 42 43 44 45 46 47 48 49

UNHEILVOLLES TREIBEN UND ENTSCHLOSS SICH, GUTES ZU TUN: DIE KLEINE ELISE,
50 51 52 53 54 55 56 57 58 59 60

DOKTOR FINKS TOCHTER, RETTETE ER VOR DEM VERBRENNEN. ER NAHM DIE KLEINE
61 62 63 64 65 66 67 68 69 70 71 72

AUF DEN ARM UND TRUG SIE AUS DEM BRENNENDEN HAUS. AUCH DAS LOB FÜR SEIN
73 74 75 76 77 78 79 80 81 82 83 84 85 86 87

VORBILDLICHES TUN KONNTE FIPPS NICHT BESSERN. SCHLIEßLICH WURDE DER
88 89 90 91 92 93 94 95 96

UNGLÜCKLICHE ERSCHOSSEN.
97 98

Aus: Krampe/Mittelmann: Rechtschreibspiele ab Klasse 6
Auer Verlag GmbH, Donauwörth · Als Kopiervorlage freigegeben

Lösungen:

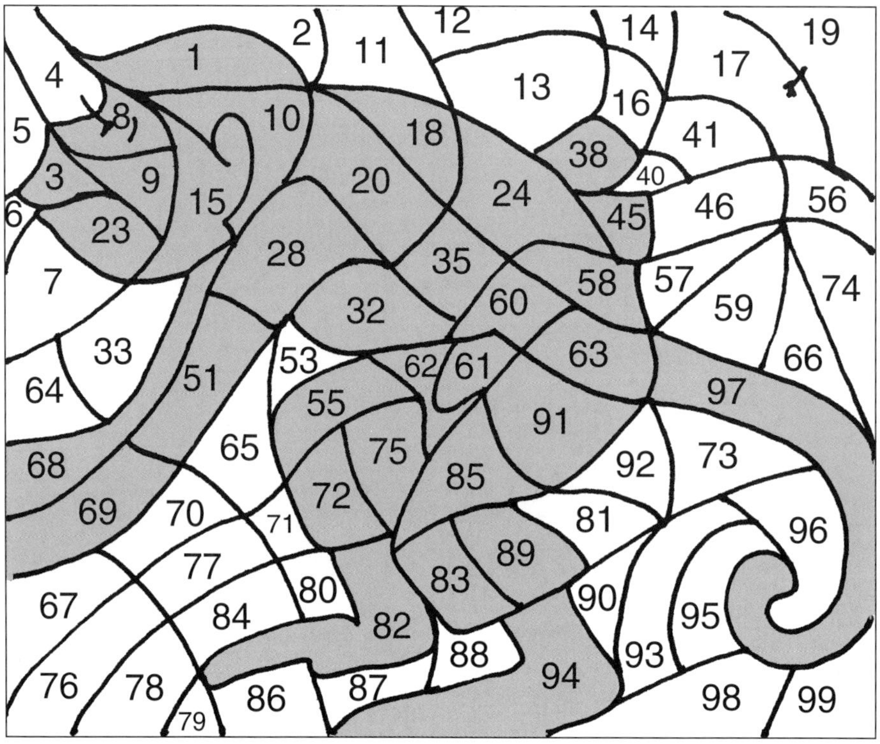

Fipps, der Affe, war schon ein besonderes Tier. Das Besondere an ihm waren

1 2 3 4 5 6 7 8 9 10 11 12 13

seine Späße und sein Drang, alle Lebewesen zu ärgern. Dieses Ärgern machte

14 15 16 17 18 19 20 21 22 23 24 25

ihn unbeliebt. Obwohl er bei den Menschen nicht nur Schlechtes, sondern

26 27 28 29 30 31 32 33 34 35 36

auch Schönes erlebte, wurde er nie wirklich brav. Nur einmal ließ er sein

37 38 39 40 41 42 43 44 45 46 47 48 49

unheilvolles Treiben und entschloss sich, Gutes zu tun: Die kleine Elise,

50 51 52 53 54 55 56 57 58 59 60

Doktor Finks Tochter, rettete er vor dem Verbrennen. Er nahm die Kleine

61 62 63 64 65 66 67 68 69 70 71 72

auf den Arm und trug sie aus dem brennenden Haus. Auch das Lob für sein

73 74 75 76 77 78 79 80 81 82 83 84 85 86 87

vorbildliches Tun konnte Fipps nicht bessern. Schließlich wurde der

88 89 90 91 92 93 94 95 96

Unglückliche erschossen.

97 98

Zusammen-/Getrenntschreibung

- Entscheide, ob die Wörter getrennt (g) oder zusammengeschrieben (z) werden!
- Folge dem richtigen Pfeil bis zum jeweils nächsten Wort und markiere dabei den Weg!
- Die Wörter in den Ecken der Quadrate ergeben entlang des Weges einen Lösungssatz!
- Selbstkontrolle: Lösungssatz!
- Schreibe alle Wörter richtig in dein Heft!

Start

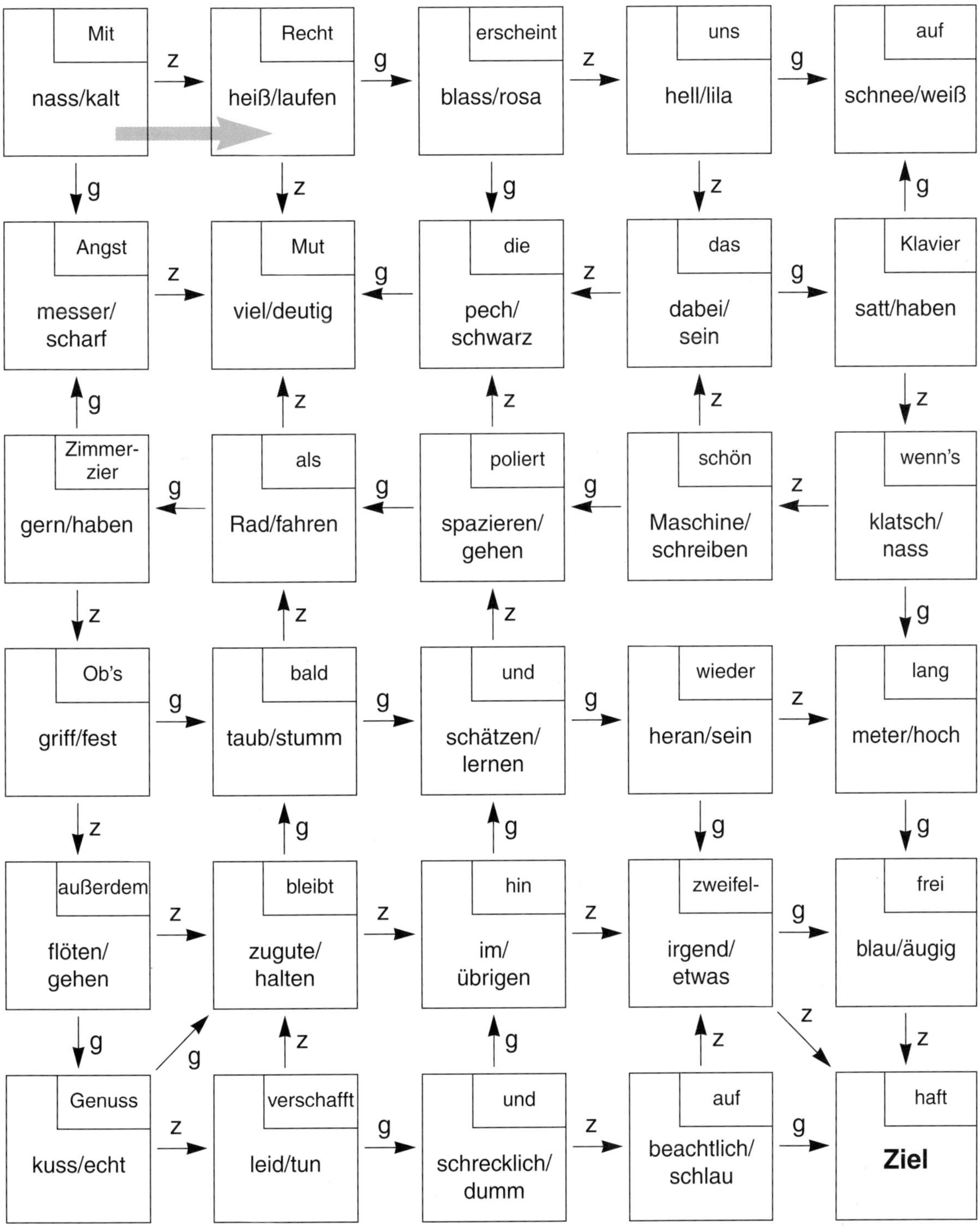

Lösungssatz:

Mit ______ *Recht* ______ ______ ______ ______ ______,
______ ______ ______, ______ ______.
______ ______ ______ ______,
______ ______ ______ ______ ______.

Lösungen:

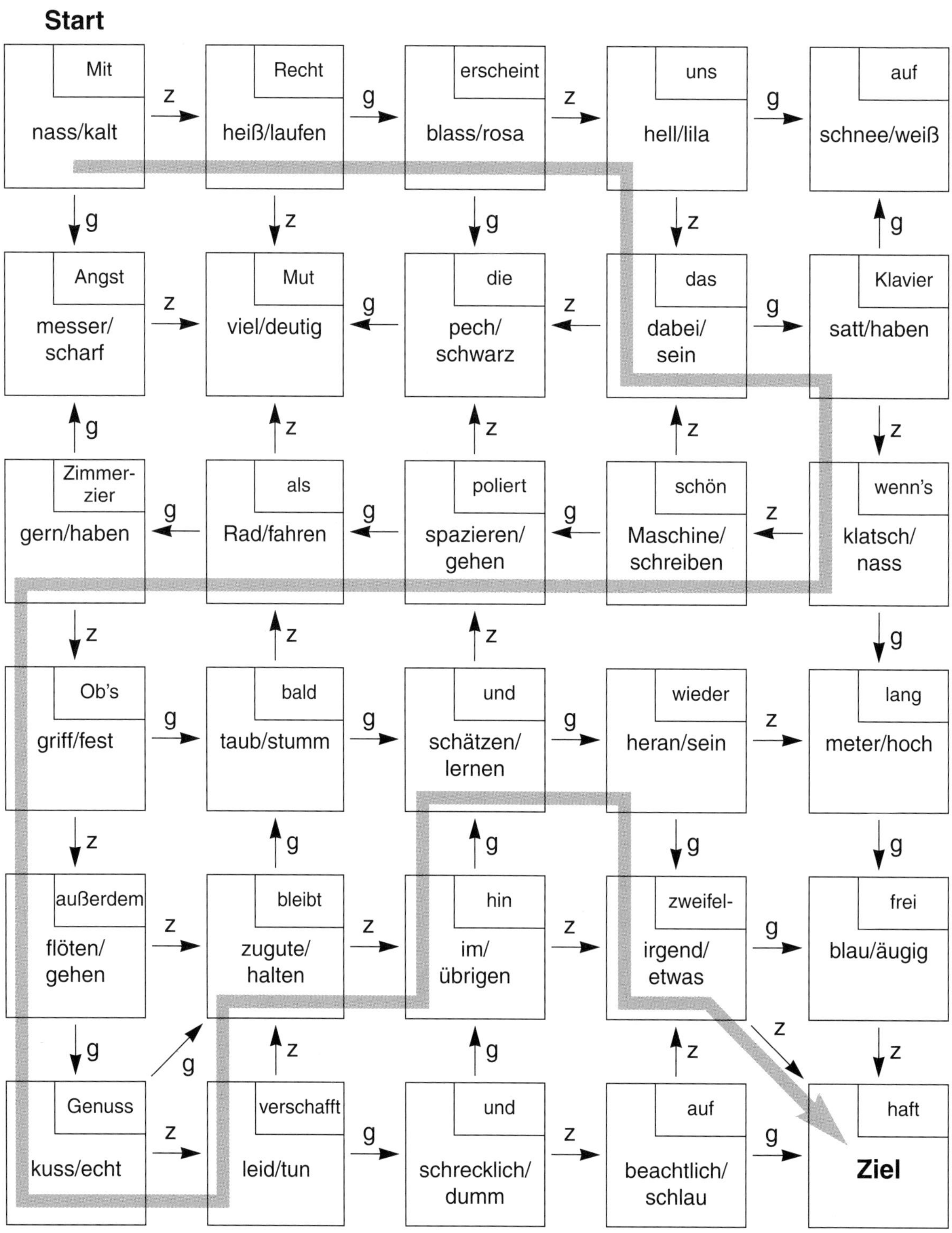

Lösungssatz:

<u>Mit</u> <u>Recht</u> <u>erscheint</u> <u>uns</u> <u>das</u> <u>Klavier</u>,
<u>wenn's</u> <u>schön</u> <u>poliert</u>, <u>als</u> <u>Zimmerzier</u>.
<u>Ob's</u> <u>außerdem</u> <u>Genuss</u> <u>verschafft</u>,
<u>bleibt</u> <u>hin</u> <u>und</u> <u>wieder</u> <u>zweifelhaft</u>.

Lösungswörter:

blassrosa, dabei sein, flöten gehen, gernhaben, grifffest, heiß laufen, heran sein, im übrigen, irgendetwas, klatschnass, kussecht, leidtun, Maschine schreiben, nasskalt, Rad fahren, satthaben, schätzen lernen, spazieren gehen, taubstumm, zugutehalten

Zusammen-/Getrenntschreibung bei Adjektiven

- Entscheide, ob die Wörter zusammen (z) oder getrennt (g) geschrieben werden!
- Folge dem richtigen Pfeil bis zum jeweils nächsten Wort und markiere dabei den Weg!
- Die Wörter in den Ecken der Quadrate ergeben entlang des Weges einen Lösungssatz!
- Selbstkontrolle: Lösungssatz!
- Schreibe alle Wörter richtig in dein Heft!

Start

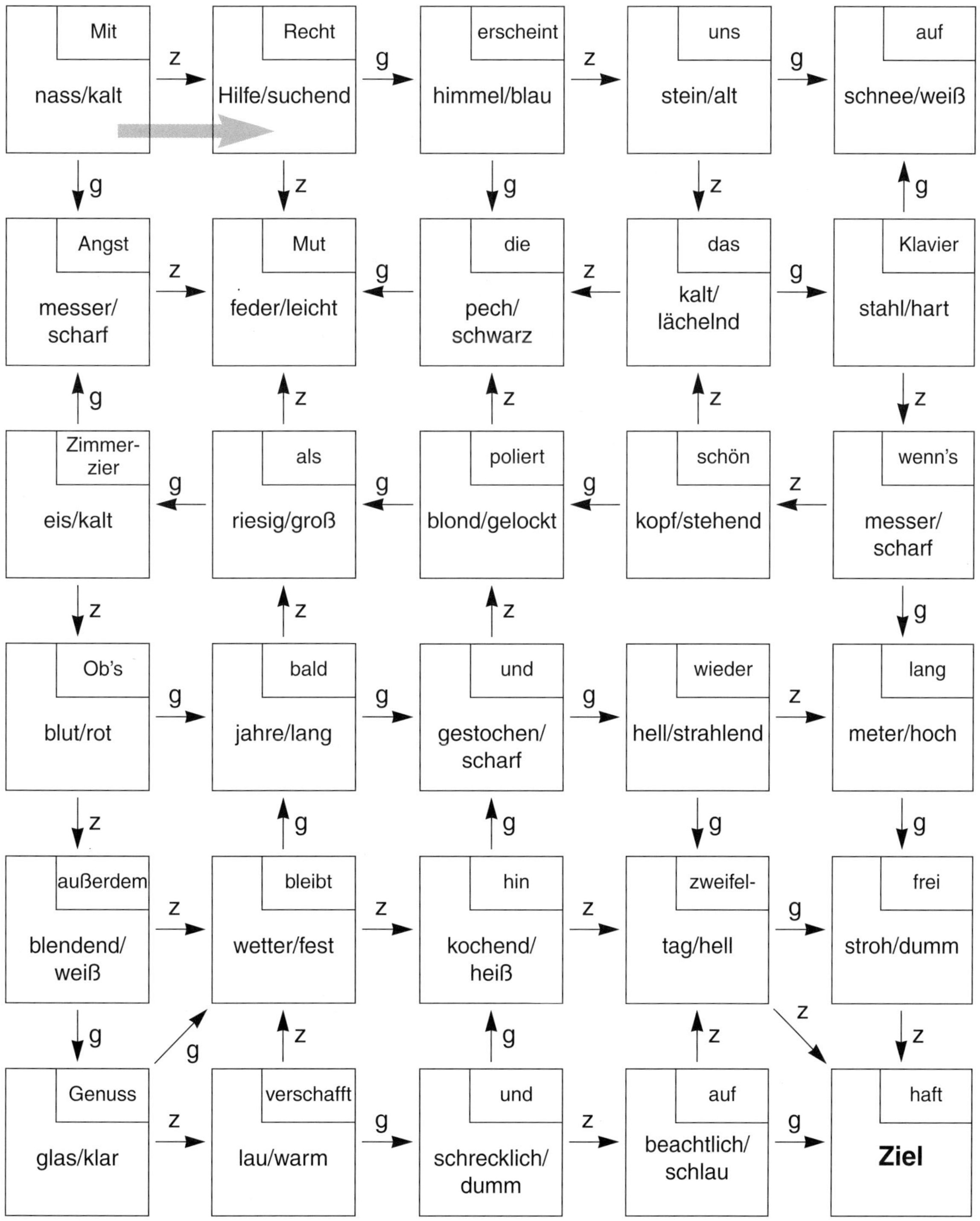

Lösungssatz:

Mit ______ ***Recht*** ______ ______ ______ ______ ______,
______ ______ ______, ______ ______.
______ ______ ______ ______,
______ ______ ______ ______ ______.

Lösungen:

Start

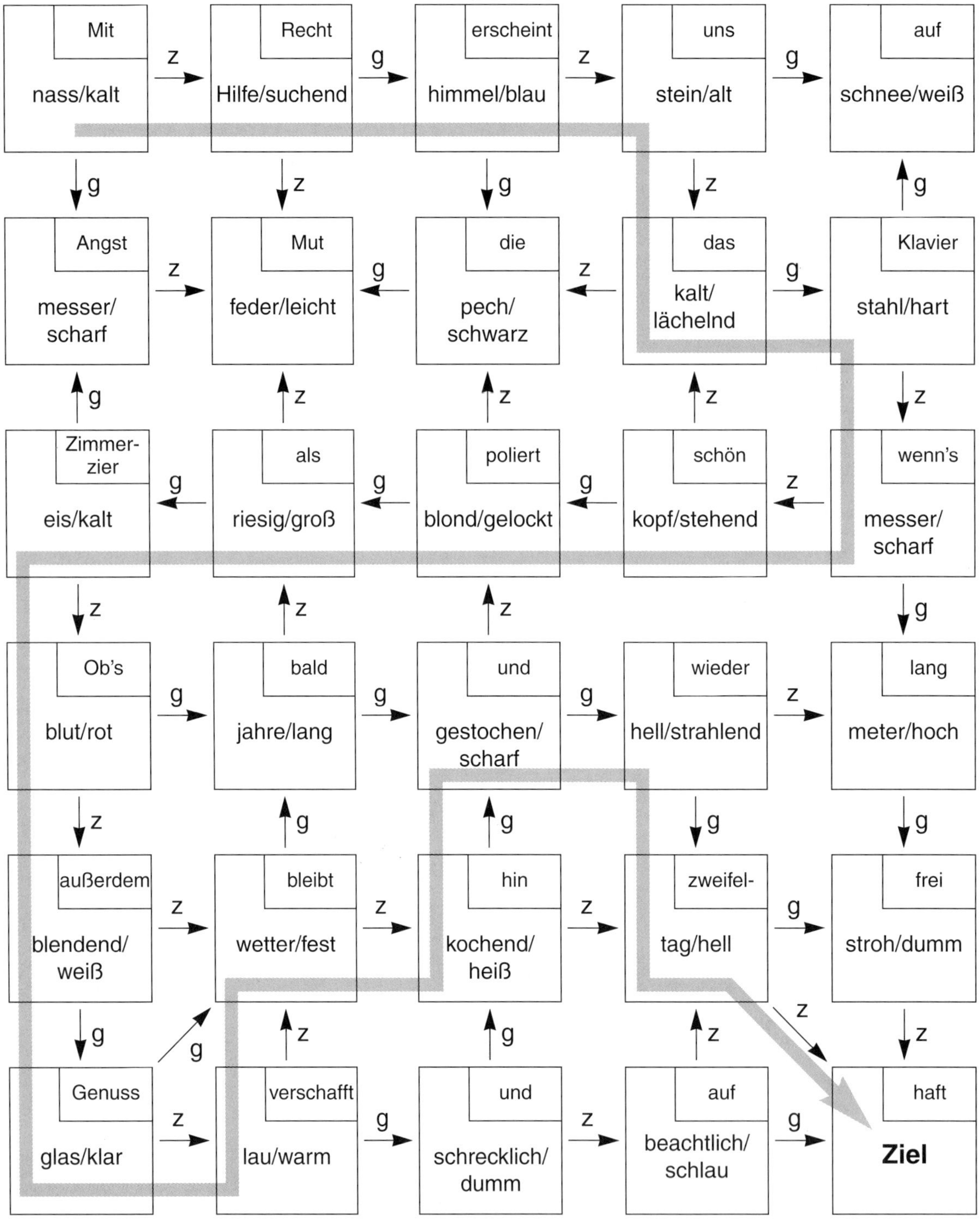

Lösungssatz:

Mit Recht erscheint uns das Klavier,
wenn's schön poliert, als Zimmerzier.
Ob's außerdem Genuss verschafft,
bleibt hin und wieder zweifelhaft.

Lösungswörter:

nasskalt, Hilfe suchend, himmelblau, steinalt, kalt lächelnd, stahlhart, messerscharf, kopf stehend, blond gelockt, riesig groß, eiskalt, blutrot, blendend weiß, glasklar, lauwarm, wetterfest, kochend heiß, gestochen scharf, hell strahlend, taghell

Zusammenschreibung/Getrenntschreibung

- Entscheide, ob getrennt oder zusammengeschrieben werden muss, und notiere die Wörter in der richtigen Schreibweise!
- Kreise die zugehörenden Zahlen in der Tabelle ein!
- Verbinde die entsprechenden Zahlen im Bild in der angegebenen Reihenfolge (Lineal)!
- Selbstkontrolle: Bildfigur!

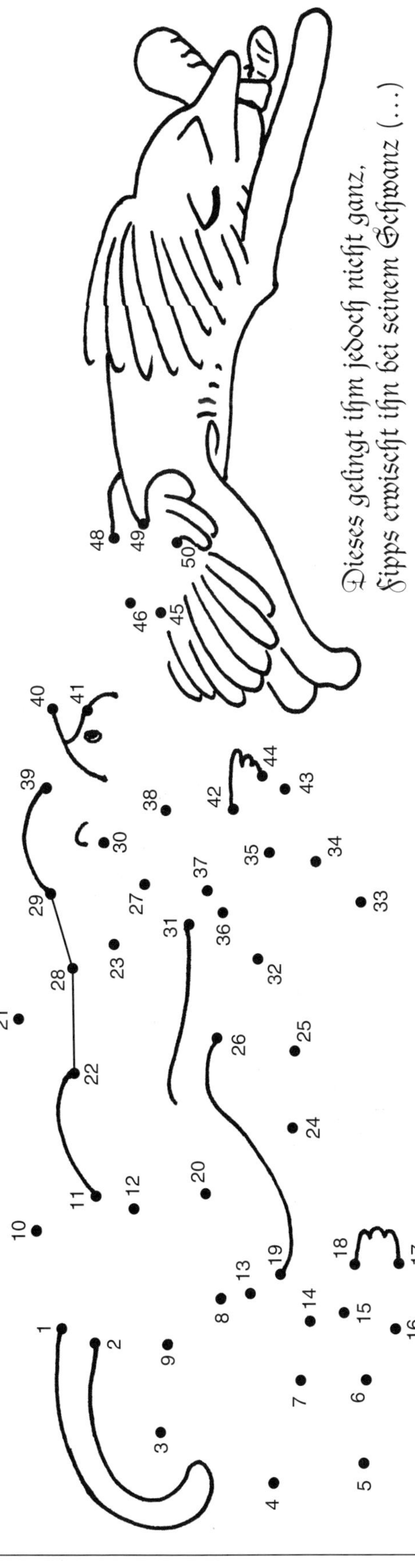

Wort	zusammen	getrennt	richtige Schreibweise
fern/sehen	22–28–29	22–23–27	***fernsehen***
jedes/mal	1–10	14–19	
so/viel	36–37	41–48	
in/dessen	1–11	11–12	
eben/so	6–7	7–14	
irgend/ein	37–31–38	4–5–7	
gar/nicht	12–20	8–12	
still/legen	43–44	9–12	
wie/viel	4–9	14–15–18	
kopf/über	16–17	3–12	
genauso/gut	12–23	26–32	
dabei/sein	20–23	46–49	

Wort	zusammen	getrennt	richtige Schreibweise
sitzen/bleiben *(wörtlich)*	36–26	28–30	
aller/seits	2–12	24–33	
bis/weilen	32–34–43	35–42	
schlecht/gelaunt	41–47	45–50	
tags/über	35–36	32–26–25	
schwer/fallen *(wörtlich)*	27–30	39–40	
spazieren/gehen	30–31	38–45	
stand/halten	30–46	47–50	
irre/führen	35–42	45–49	
preis/geben	6–16	30–39	
teil/nehmen	36–37	24–26	
sauber/halten	18–24–25	7–13–8	

Lösungen:

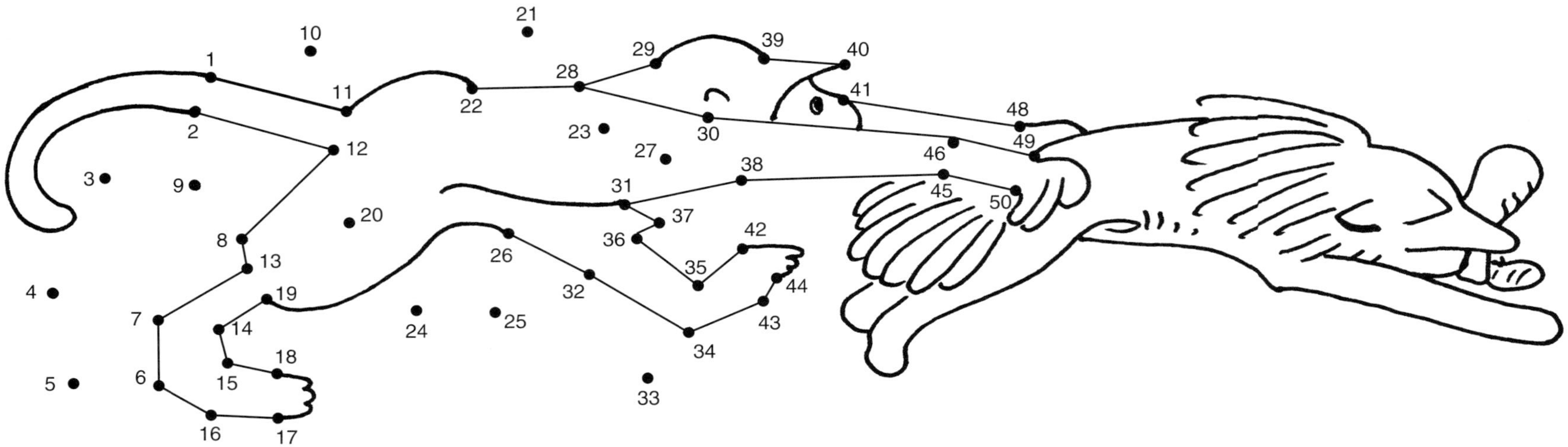

Wort	zusammen	getrennt	richtige Schreibweise
fern/sehen	22–28–29	22–23–27	***fernsehen***
jedes/mal	1–10	14–19	***jedes Mal***
so/viel	36–37	41–48	***so viel***
in/dessen	1–11	11–12	***indessen***
eben/so	6–7	7–14	***ebenso***
irgend/ein	37–31–38	4–5–7	***irgendein***
gar/nicht	12–20	8–12	***gar nicht***
still/legen	43–44	9–12	***stilllegen***
wie/viel	4–9	14–15–18	***wie viel***
kopf/über	16–17	3–12	***kopfüber***
genauso/gut	12–23	26–32	***genauso gut***
dabei/sein	20–23	46–49	***dabei sein***

Wort	zusammen	getrennt	richtige Schreibweise
sitzen/bleiben *(wörtlich)*	36–26	28–30	***sitzen bleiben***
aller/seits	2–12	24–33	***allerseits***
bis/weilen	32–34–43	35–42	***bisweilen***
schlecht/gelaunt	41–47	45–50	***schlecht gelaunt***
tags/über	35–36	32–26–25	***tagsüber***
schwer/fallen *(wörtlich)*	27–30	39–40	***schwer fallen***
spazieren/gehen	30–31	38–45	***spazieren gehen***
stand/halten	30–46	47–50	***standhalten***
irre/führen	35–42	45–49	***irreführen***
preis/geben	6–16	30–39	***preisgeben***
teil/nehmen	36–37	24–26	***teilnehmen***
sauber/halten	18–24–25	7–13–8	***sauber halten***

Zusammenschreibung/Getrenntschreibung

- Entscheide, ob zusammen oder getrennt geschrieben werden muss und notiere die Wörter in der richtigen Schreibweise!
- Kreise die zugehörenden Zahlen ein in der Tabelle!
- Verbinde die entsprechenden Zahlen im Bild in der angegebenen Reihenfolge (Lineal)!
- Selbstkontrolle: Bildfigur!

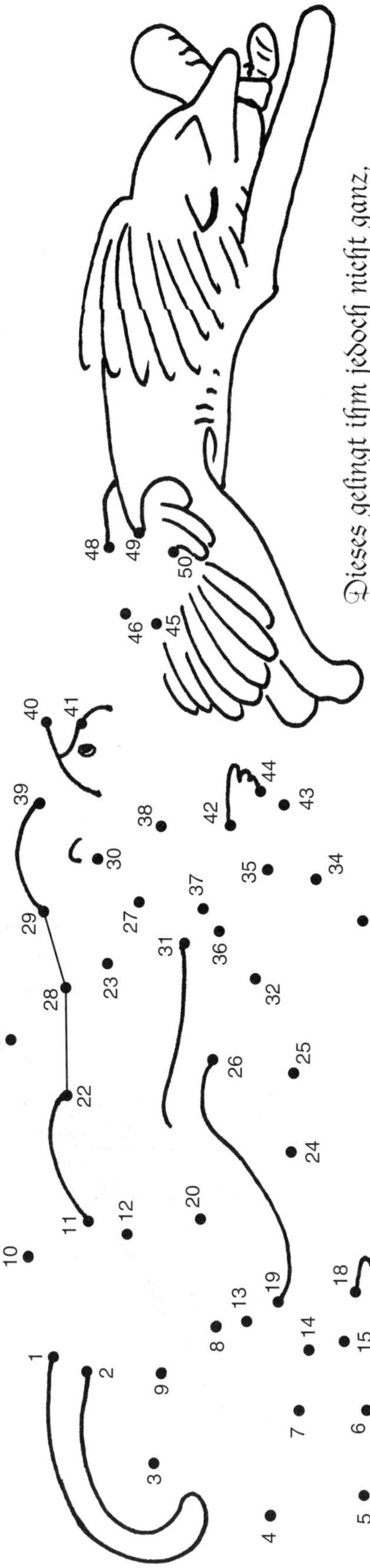

Dieses gelingt ihm jedoch nicht ganz,
Fipps erwischt ihn bei seinem Schwanz (...)

Wort	zusammen	getrennt	richtige Schreibweise
fern/sehen	22–28–29	22–23–27	***fernsehen***
jedes/mal	1–10	14–19	
hell/strahlend	36–37	41–48	
in/dessen	1–11	11–12	
eben/so	6–7	7–14	
irgend/ein	37–31–38	4–5–7	
gar/nicht	12–20	8–12	
still/legen	43–44	9–12	
kennen/lernen	4–9	14–15–18	
kopf/über	16–17	3–12	
riesen/groß	12–23	26–32	
bläulich/grün	20–23	46–49	

Wort	zusammen	getrennt	richtige Schreibweise
sitzen/bleiben	36–26	28–30	
aller/seits	2–12	24–33	
bis/weilen	32–34–43	35–42	
schlecht/gelaunt	41–47	45–50	
tags/über	35–36	32–26–25	
schwer/fallen	27–30	39–40	
spazieren/gehen	30–31	38–45	
stand/halten	30–46	47–50	
irre/führen	35–42	45–49	
preis/geben	6–16	30–39	
teil/nehmen	36–37	24–26	
verloren/gehen	18–24–25	7–13–8	

Lösungen:

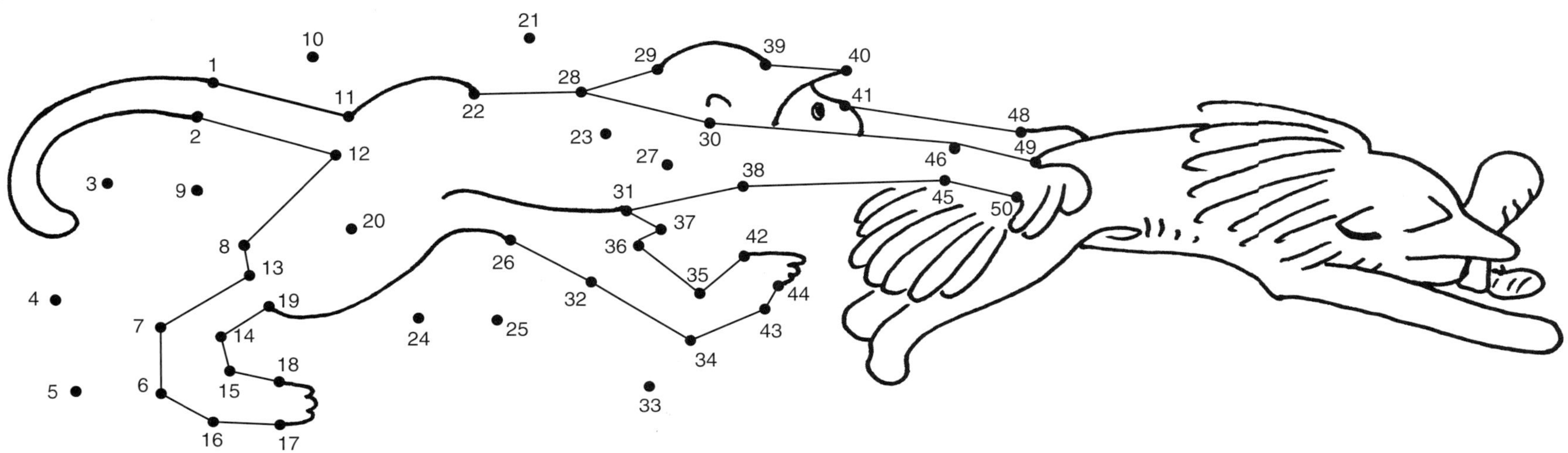

Wort	zusammen	getrennt	richtige Schreibweise
fern/sehen	22–28–29	22–23–27	***fernsehen***
jedes/mal	1–10	14–19	***jedes Mal***
hell/strahlend	36–37	41–48	***hell strahlend***
in/dessen	1–11	11–12	***indessen***
eben/so	6–7	7–14	***ebenso***
irgend/ein	37–31–38	4–5–7	***irgendein***
gar/nicht	12–20	8–12	***gar nicht***
still/legen	43–44	9–12	***stilllegen***
kennen/lernen	4–9	14–15–18	***kennen lernen***
kopf/über	16–17	3–12	***kopfüber***
riesen/groß	12–23	26–32	***riesen groß***
bläulich/grün	20–23	46–49	***bläulich grün***

Wort	zusammen	getrennt	richtige Schreibweise
sitzen/bleiben	36–26	28–30	***sitzen bleiben***
aller/seits	2–12	24–33	***allerseits***
bis/weilen	32–34–43	35–42	***bisweilen***
schlecht/gelaunt	41–47	45–50	***schlecht gelaunt***
tags/über	35–36	32–26–25	***tagsüber***
schwer/fallen	27–30	39–40	***schwer fallen***
spazieren/gehen	30–31	38–45	***spazieren gehen***
stand/halten	30–46	47–50	***standhalten***
irre/führen	35–42	45–49	***irreführen***
preis/geben	6–16	30–39	***preisgeben***
teil/nehmen	36–37	24–26	***teilnehmen***
verloren/gehen	18–24–25	7–13–8	***verloren gehen***

Silbentrennung (Sprechsilben)

- Schneide die Dominoteile („Tortenstücke“) aus!
- Lege die Dominoteile so aneinander, dass in beiden Kreisringen sinnvolle Wörter entstehen!
- Es kann mit einem beliebigen Teil begonnen werden!
- Selbstkontrolle: Bild in der Kreismitte!
- Schreibe auch alle Wörter **mit Trennstrichen** richtig in dein Heft!

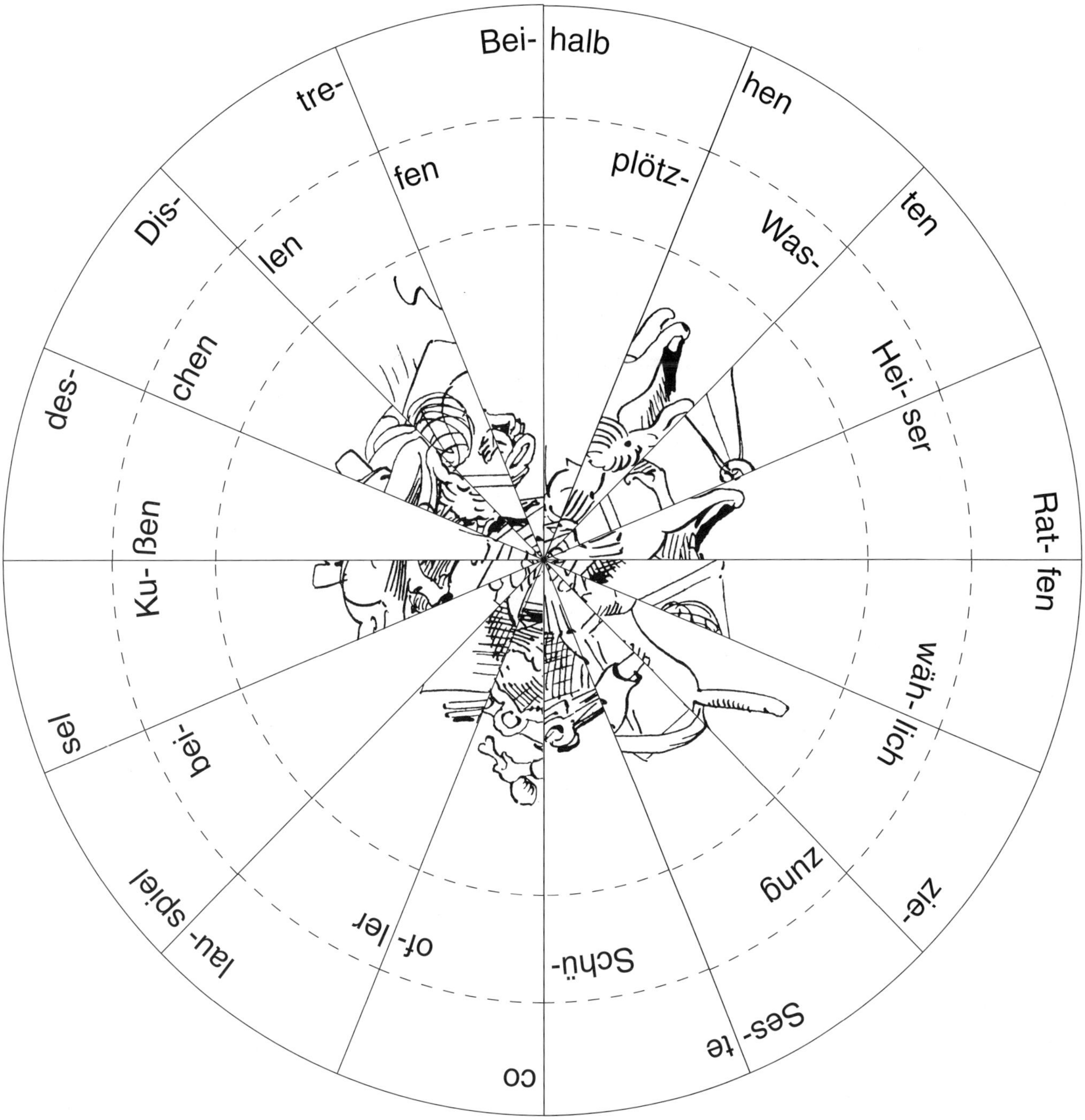

Happs! macht der Hund, kritzekratze! die Katze;
Daß Fipps in ängstlichem Seelendrang
Eilig auf einen Schrank entsprang,
Allwo man aufbewahren thät
Mancherlei nützliches Handgeräth (...)

Lösungen:

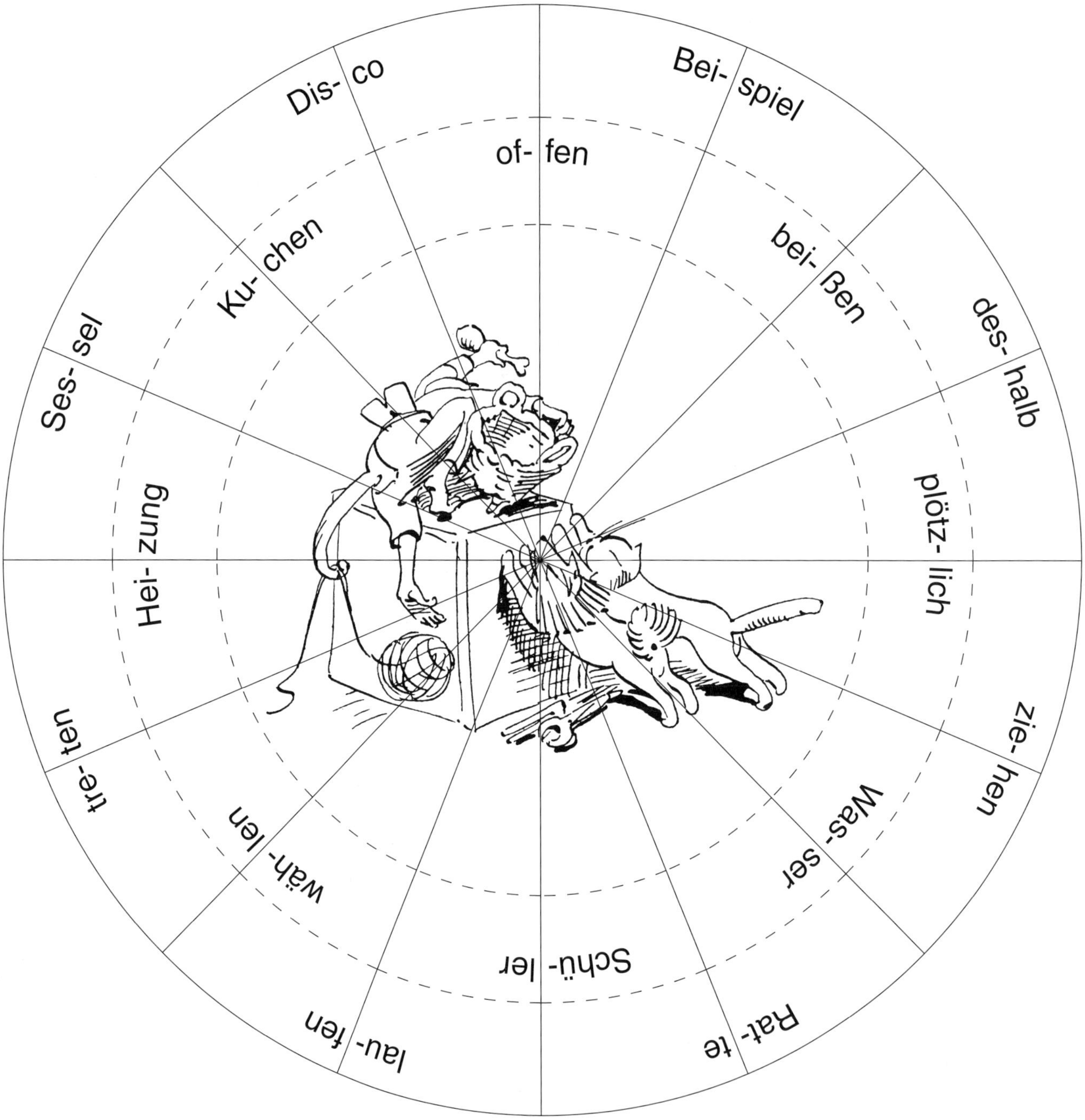

Dis- co
Bei- spiel
of- fen
Ku- chen
bei- ßen
Ses- sel
des- halb
Hei- zung
plötz- lich
tre- ten
zie- hen
wäh- len
Was- ser
Schü- ler
lau- fen
Rat- te

Silbentrennung bei st, ck, ch, sch

Puzzleteile

Spielplan

meis-tens (14) mei-stens (1) meist-ens (8)	blick-en (3) blik-ken (10) bli-cken (8)	lac-hen (20) lach-en (1) la-chen (18)	wa-schen (11) was-chen (3) wasch-en (9)	dusch-en (1) dus-chen (9) du-schen (4)
su-chen (3) suc-hen (13) such-en (6)	Zuk-ker (20) Zu-cker (10) Zuck-er (6)	Fen-ster (12) Fens-ter (17) Fenst-er (1)	Las-ter (2) Last-er (16) La-ster (5)	nächst-ens (6) näch-stens (9) nächs-tens (7)
ba-cken (13) bak-ken (12) bac-ken (16)	Mük-ke (1) Mück-e (9) Mü-cke (20)	mach-en (6) mac-hen (9) ma-chen (1)	Ma-sche (9) Masch-e (15) Mas-che (5)	Flasch-e (16) Fla-sche (15) Fl-asche (6)
Sa-chen (19) Sach-en (6) Sac-hen (12)	koch-en (12) koc-hen (5) ko-chen (6)	Ni-ckel (12) Nik-kel (5) Nick-el (16)	O-stern (16) Os-tern (5) Ost-ern (3)	Ka-sten (14) Kas-ten (16) Kast-en (12)

- Bestimme, wie die Wörter richtig getrennt werden!
- Schneide die Puzzleteile aus!
- Ordne nach den Schlüsselzahlen die Puzzleteile auf dem Spielplan!
- Selbstkontrolle: Lösungsbild!
- Schreibe alle Wörter richtig getrennt in dein Heft!

Lösungen:

meis-tens (14) mei-stens (1) meist-ens (8)	blick-en (3) blik-ken (10) ***bli-cken (8)***	lac-hen (20) lach-en (1) ***la-chen (18)***	***wa-schen (11)*** was-chen (3) wasch-en (9)	dusch-en (1) dus-chen (9) ***du-schen (4)***
su-chen (3) suc-hen (13) such-en (6)	Zuk-ker (20) ***Zu-cker (10)*** Zuck-er (6)	Fen-ster (12) ***Fens-ter (17)*** Fenst-er (1)	***Las-ter (2)*** Last-er (16) La-ster (5)	nächst-ens (6) näch-stens (9) ***nächs-tens (7)***
ba-cken (13) bak-ken (12) bac-ken (16)	Mük-ke (1) Mück-e (9) ***Mü-cke (20)***	mach-en (6) mac-hen (9) ***ma-chen (1)***	***Ma-sche (9)*** Masch-e (15) Mas-che (5)	Flasch-e (16) ***Fla-sche (15)*** Fl-asche (6)
Sa-chen (19) Sach-en (6) Sac-hen (12)	koch-en (12) koc-hen (5) ***ko-chen (6)***	***Ni-ckel (12)*** Nik-kel (5) Nick-el (16)	O-stern (16) ***Os-tern (5)*** Ost-ern (3)	Ka-sten (14) ***Kas-ten (16)*** Kast-en (12)

Silbentrennung (2 Möglichkeiten)

- Je Spieler eine Spielfigur auf das Startfeld setzen!
- Abwechselnd würfeln und vorrücken.
- Gleiches Wort, anders getrennt suchen (Beispiel: da-rum → dar-um) und entsprechend vor- oder zurücksetzen!
- Ziel genau erreichen!

Start
da-rum
her-auf
Di-plom
Pub-li-kum
dar-um
Fe-bru-ar
Ma-gnet
he-rauf
Dip-lom
noch einmal würfeln
A-bra-ham
Pu-bli-kum
Ab-ra-ham
Mag-net
Feb-ru-ar
zurück zum Start
neut-ral
war-um
ein-an-der
da -rauf
einmal aus-setzen
neu-tral
In-dus-trie
dar-auf
Li-no-le-um
noch einmal würfeln
In-dust-rie
wa-rum
hin-auf
Ge-omet-rie
Päd-ago-ge
ei-nan-der
einmal aus-setzen
hi-nauf
voll-en-den
Lin-ole-um
Geo-me-trie
vol-len-den
Pä-da-go-ge
Ziel

Aber ach, wo ist Elise??!

Lösungen:

da-rum	⟷	*dar-um*
her-auf	⟷	*he-rauf*
Di-plom	⟷	*Dip-lom*
Pub-li-kum	⟷	*Pu-bli-kum*
Fe-bru-ar	⟷	*Feb-ru-ar*
Ma-gnet	⟷	*Mag-net*
A-bra-ham	⟷	*Ab-ra-ham*
neut-ral	⟷	*neu-tral*
war-um	⟷	*wa-rum*
ein-an-der	⟷	*ei-nan-der*
da-rauf	⟷	*dar-auf*
In-dus-trie	⟷	*In-dust-rie*
Li-no-le-um	⟷	*Lin-ole-um*
hin-auf	⟷	*hi-nauf*
Ge-omet-rie	⟷	*Geo-me-trie*
Päd-ago-ge	⟷	*Pä-da-go-ge*
voll-en-den	⟷	*vol-len-den*

Silbentrennung (gemischt)

- Schneide die Memoryteile aus!
- Lege die Teile verdeckt und nach Formen geordnet in 2 Reihen aus!
- Ziehe immer gleichzeitig ein Quadrat und ein Rechteck und schau, ob du daraus ein Wort bilden kannst!
- Selbstkontrolle: gleiche Strichmuster am Rand!
- Ist das nicht möglich, lege beide Teile verdeckt an ihren Platz zurück!
- Spiele zusammen mit deiner Nachbarin/deinem Nachbarn! Wer entdeckt die meisten Wörter?
- Schreibe auch alle Wörter richtig in dein Heft!

	tze	te
cke	sche	te
cke	sche	tig
fe	ckel	tig
fe	ckel	tze

wuss-	küss-
lus-	lis-
Gla-	Matra-
Fla-	Ma-
Da-	Fa-
De-	He-
Af-	Waf-

Lösungen:

Affe
Waffe
Decke
Hecke
Dackel
Fackel
Flasche
Masche
Glatze
Matratze
lustig
listig
wusste
küsste

Silbentrennung: isolierter Vokal

- Schneide die Memoryteile aus!
- Lege die Teile verdeckt und nach Formen geordnet in 2 Reihen aus!
- Ziehe immer gleichzeitig ein Quadrat und ein Rechteck und schau, ob du daraus ein Wort bilden kannst!
- Selbstkontrolle: gleiche Strichmuster am Rand!
- Ist das nicht möglich, lege beide Teile verdeckt an ihren Platz zurück!
- Spiele zusammen mit deiner Nachbarin/deinem Nachbarn! Wer entdeckt die meisten Wörter?
- Schreibe auch alle Wörter richtig in dein Heft!

	talien	fer	U-	U-
quarium	ben	hu	O-	O-
			I-	I-
tom	wig	zean	e-	e-
			E-	E-
larm	tui	per	A-	A-
bend	cho	gel	A-	A-

Lösungen:

Abend
Alarm
Aquarium
Atom
eben
Echo
Etui
ewig
Igel
Italien
Oper
Ozean
Ufer
Uhu

Hinweis: Nach weiteren Wörtern mit isoliertem Vokal bei Trennung suchen lassen.
Am Wortende steht nie ein isolierter Vokal!

Silbentrennung (gemischt)

- Entscheide, ob die Wörter richtig getrennt werden!
- Folge den richtigen Trennungen entlang der Pfeile bis zum jeweils nächsten Wort und markiere dabei den Weg!
- Trage die Buchstaben oben rechts aus den Quadraten entlang des Weges bei Lösungswort ein!
- Selbstkontrolle: Lösungswort!
- Schreibe alle Wörter richtig getrennt in dein Heft!

Start

K	Zu-cker →	L	Esel →	A
Zucker		Esel		Bäcker
Zuck-er ↓	I-gel ↗	E-sel ↓	↙ Bäck-er	Bä-cker ↓
E	← pus-ten	I	← Kat-ze	V
Igel		pusten		Katze
Igel ↓	↙ pu-sten		↖ mei-stens	Ka-tze ↓
R				I
waschen				meistens
wa-schen ↓	↘ was-chen		↗ la-chen	meis-tens ↓
M	muss-te →	E	lach-en →	S
musste		lachen		Wecker
mus-ste ↓		sitz-en ↑	↙ Weck-er	We-cker ↓
R	← sit-zen	E	← Ta-sche	T
Ziel		sitzen		Tasche

Er zeigt sich wirklich recht gewandt,
Selbst mit der linken Hinterhand (...)

Lösungswort:

K L _ _ _ _ _ _ _ _ _ _ _ _ _

Lösungen:

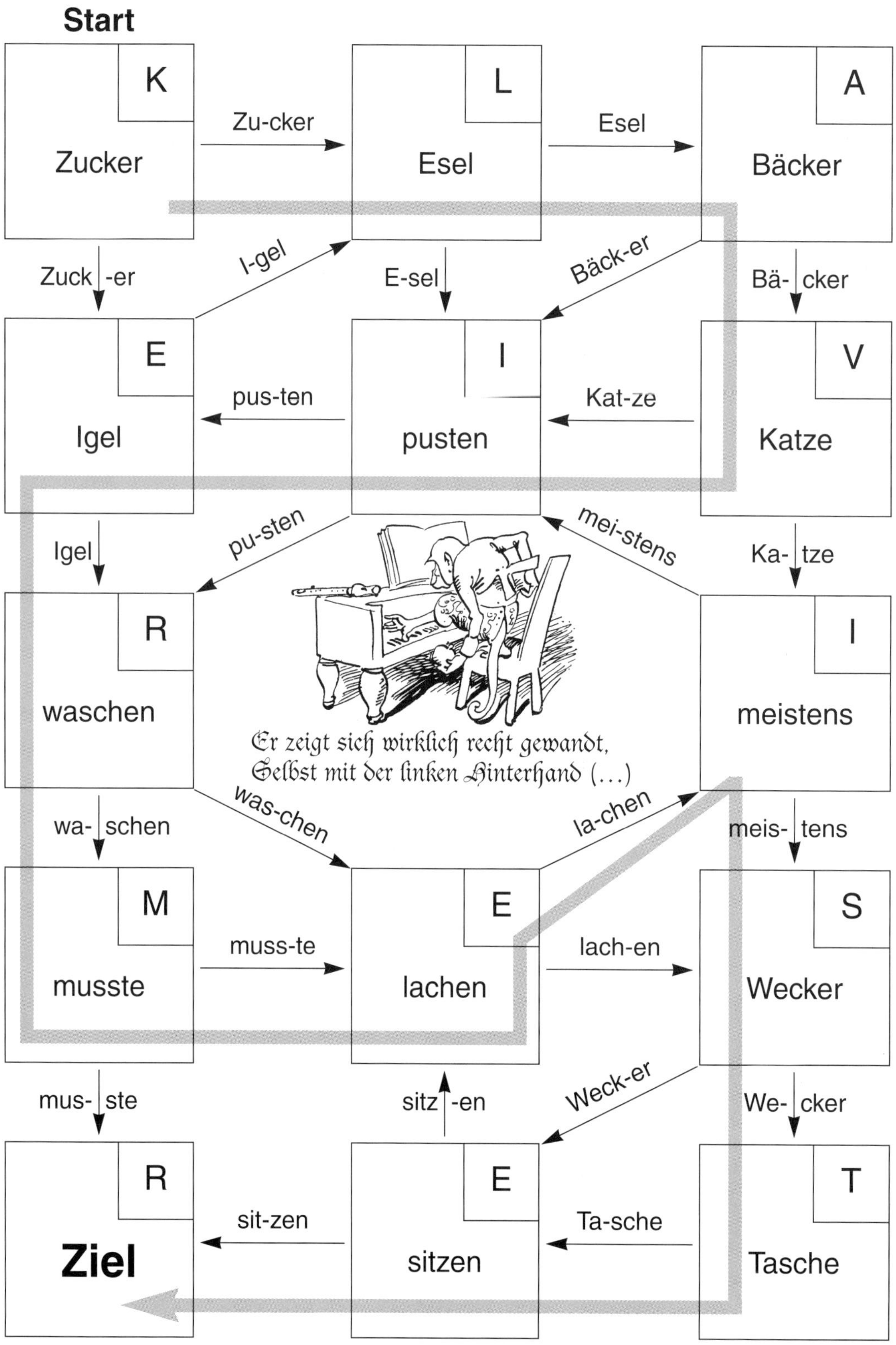

Lösungswort:

K L A V I E R M E I S T E R

Silbentrennung (gemischt)

- Entscheide, ob die Wörter richtig getrennt werden!
- Folge den richtigen Trennungen entlang der Pfeile bis zum jeweils nächsten Wort und markiere dabei den Weg!
- Trage die Buchstaben oben rechts aus den Quadraten entlang des Weges bei Lösungswort ein!
- Selbstkontrolle: Lösungswort!
- Schreibe alle Wörter richtig getrennt in dein Heft!

Start

K – Zucker	L – Esel	A – Bäcker
E – Igel	I – pusten	V – Katze
R – waschen		I – meistens
M – musste	E – lachen	S – Wecker
R – **Ziel**	E – sitzen	T – Tasche

Pfeile:

- Zucker → Esel: Zu-cker
- Esel → Bäcker: E-sel
- Zucker → Igel: Zuck-er
- Igel → Esel: Igel
- Esel → pusten: Esel
- Bäcker → pusten: Bäck-er
- Bäcker → Katze: Bä-cker
- pusten → Igel: pus-ten
- Katze → pusten: Kat-ze
- Igel → waschen: I-gel
- pusten → waschen: pu-sten
- meistens → pusten: mei-stens
- Katze → meistens: Ka-tze
- waschen → musste: wa-schen
- waschen → lachen: was-chen
- lachen → meistens: la-chen
- meistens → Wecker: meis-tens
- musste → lachen: muss-te
- lachen → Wecker: lach-en
- musste → Ziel: mus-ste
- sitzen → lachen: sitz-en
- Wecker → sitzen: Weck-er
- Wecker → Tasche: We-cker
- sitzen → Ziel: sit-zen
- Tasche → sitzen: Ta-sche

Er zeigt sich wirklich recht gewandt,
Selbst mit der linken Hinterhand (...)

Lösungswort:

K *L* __ __ __ __ __ __ __ __ __ __ __ __ __ __ __

Lösungen:

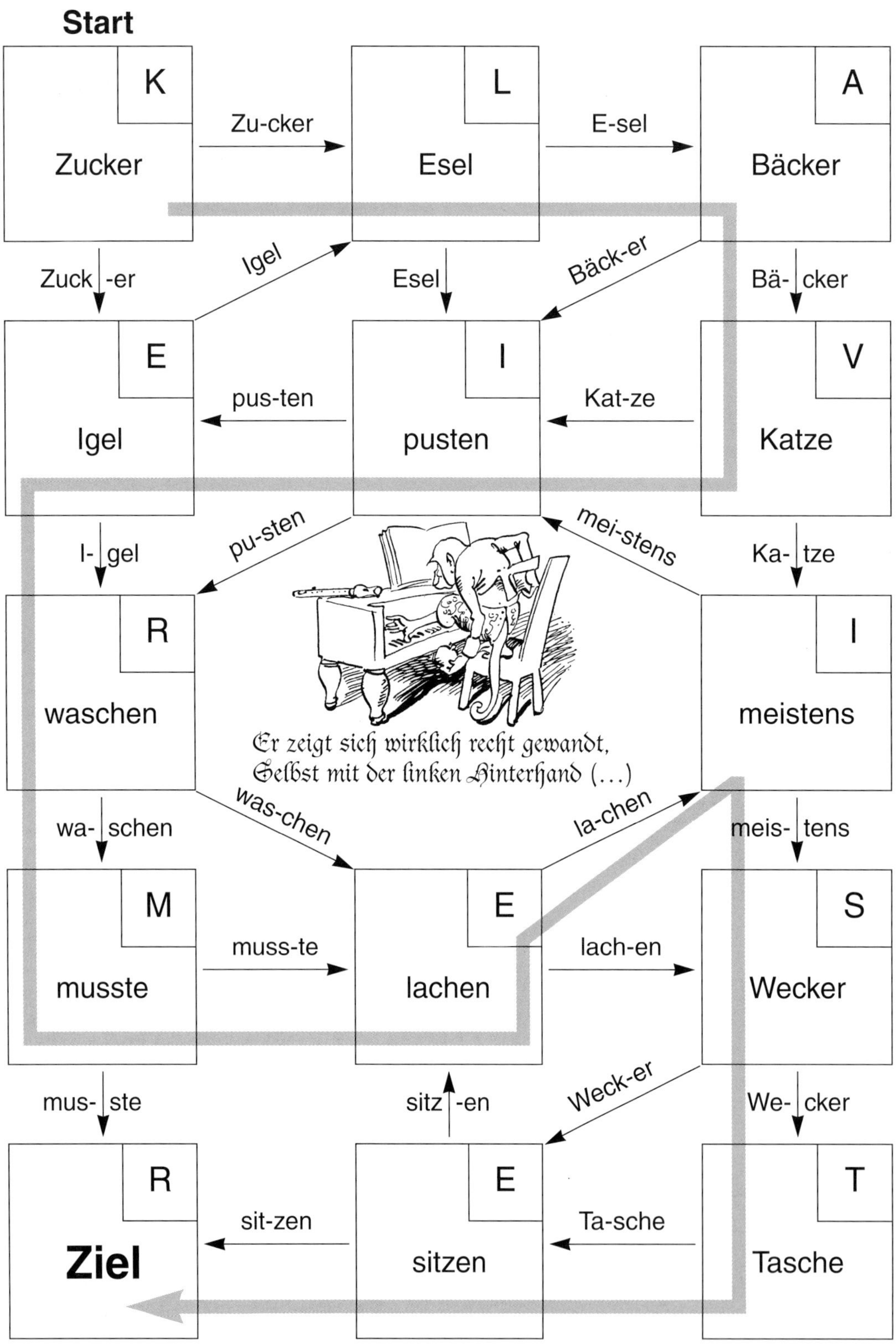

Lösungswort:

K L A V I E R M E I S T E R

„Eingedeutschte“ Fremdwörter

- In diesem Buchstabenfeld sind 18 Wörter versteckt, die ursprünglich aus einer anderen Sprache stammen (waagerecht und senkrecht).
- Wenn du die entsprechenden Felder ausmalst, erhälst du ein unterstrichenes Lösungswort (Selbstkontrolle)!

A	L	C	D	E	L	F	G	B	N	Z	G	K	K	L	M	O	N	L	Z	N	P	Q	R	S	A	O	Z
B	D	E	L	F	I	N	N	S	N	U	G	A	T	T	K	A	R	T	O	N	P	K	O	R	A	N	N
C	K	X	X	Q	Z	S	X	P	C	L	F	P	H	R	E	G	S	K	R	M	Q	A	S	K	N	B	P
D	Ä	A	Y	A	Q	A	P	A	M	D	N	G	Q	K	T	T	H	U	L	T	N	R	Y	M	T	L	Z
E	N	P	O	N	Y	X	C	G	I	R	O	Z	S	K	S	O	N	D	E	V	Z	A	X	V	C	Y	Q
F	G	F	C	A	Z	O	F	E	B	F	D	T	H	I	C	V	W	X	Y	W	K	M	I	N	E	B	W
G	U	A	A	D	D	F	D	T	W	C	U	G	Y	L	H	C	Z	B	D	L	H	E	F	D	W	Y	R
H	R	C	C	K	L	O	G	T	Z	V	Q	X	M	N	U	L	D	K	G	F	G	L	H	X	G	C	Z
J	U	K	K	N	O	N	H	I	Y	P	O	R	S	V	P	F	N	H	S	N	R	L	O	T	S	E	G
K	P	P	Q	Z	Y	O	L	X	Z	C	X	T	W	D	F	O	M	P	Q	R	M	T	D	S	E	V	X
L	P	A	R	T	Y	J	O	G	U	R	T	P	O	R	T	M	O	N	E	E	P	A	N	T	E	R	F
M	N	O	P	Q	R	S	T	U	V	W	X	Y	Z	A	B	C	D	D	H	E	X	Z	Y	D	E	K	A

- Schreibe die gefundenen Wörter hier auf und versuche herauszufinden, aus welcher Sprache sie stammen:

Party (engl.-amerik.)

Schon ist er im Feld. Die Hasen fliehn.
Einen Wanderer sieht man
des Weges ziehn.

Sehr heftig erschrickt
der Wandersmann.
Die Töpfersfrau geht still voran.

Zuweilen fällt das Topfgeschirr,
Und dann zerbricht es mit großem
Geklirr.

Zeichensetzung bei wörtlicher Rede

- Setze die richtigen Satzzeichen! Beachte, dass der Satzanfang großgeschrieben wird!
- Das geht am besten, wenn du den **Text** richtig in dein **Heft schreibst**.

In der Schule wird über Umweltfragen gesprochen*. **D**er Lehrer will von Peter wissen was*

10 11 12 13 14 15 ***160*** 17 18 19 20 21 22 23

weißt du über die Verschmutzung der Meere sie hat zugenommen meint Peter woran kann

24 25 26 27 28 29 30 31 32 33 34 35 36 37

man das erkennen fragt der Lehrer weiter an den Fischdosen ruft Peter ohne zu zögern wie

38 39 40 41 42 43 44 45 46 47 48 49 50 51 52 53

kommst du darauf meint da der Lehrer erstaunt als ich gestern Abend eine Dose aufmachte

54 55 56 57 58 59 60 61 62 63 64 65 66 67 68

gibt Peter Auskunft war alles voller Öl und die Fische waren tot

69 70 71 72 73 74 75 76 77 78 79 80

- Lösungskontrolle:
  Wenn du ein Satzzeichen gesetzt hast:
  Hänge an die Wortnummer eine Ziffer an: bei folgendem . → 0
  bei folgendem ." → 1
  bei folgendem ?" → 2
  bei folgendem ?", → 3
  bei folgendem !", → 4
  bei folgendem ", → 5
  bei folgendem : → 6
  bei folgendem , → 7
  bei vorausgehendem „ → 8.

- Suche die so gebildeten Zahlen in den Feldern und male die entsprechenden Felder mit einer Farbe an.
  Du erhältst ein **Lösungswort**!

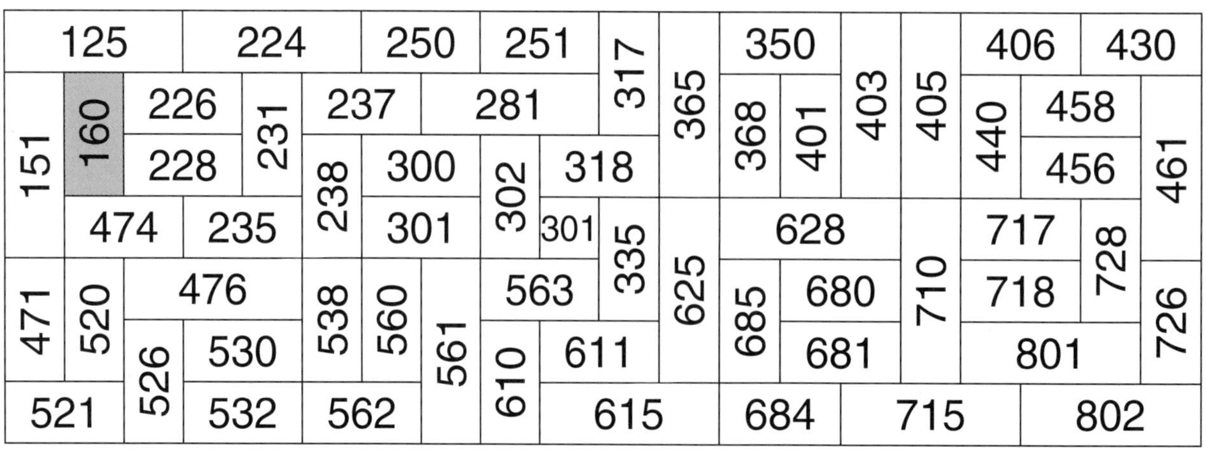

„Eingedeutschte“ Fremdwörter

- In diesem Buchstabenfeld sind 18 Wörter versteckt, die ursprünglich aus einer anderen Sprache stammen (waagerecht und senkrecht).
- Wenn du die entsprechenden Felder ausmalst, erhälst du ein unterstrichenes Lösungswort (Selbstkontrolle)!

A	L	C	D	E	L	F	G	B	N	Z	G	K	K	L	M	O	N	L	Z	N	P	Q	R	S	A	O	Z
B	D	E	L	F	I	N	N	S	N	U	G	A	T	T	K	A	R	T	O	N	P	K	O	R	A	N	N
C	K	X	X	Q	Z	S	X	P	C	L	F	P	H	R	E	G	S	K	R	M	Q	A	S	K	N	B	P
D	Ä	A	Y	A	Q	A	P	A	M	D	N	G	Q	K	T	T	H	U	L	T	N	R	Y	M	T	L	Z
E	N	P	O	N	Y	X	C	G	I	R	O	Z	S	K	S	O	N	D	E	V	Z	A	X	V	C	Y	Q
F	G	F	C	A	Z	O	F	E	B	F	D	T	H	I	C	V	W	X	Y	W	K	M	I	N	E	B	W
G	U	A	A	D	D	F	D	T	W	C	U	G	Y	L	H	C	Z	B	D	L	H	E	F	D	W	Y	R
H	R	C	C	K	L	O	G	T	Z	V	Q	X	M	N	U	L	D	K	G	F	G	L	H	X	G	C	Z
J	U	K	K	N	O	N	H	I	Y	P	O	R	S	V	P	F	N	H	S	N	R	L	O	T	S	E	G
K	P	P	Q	Z	Y	O	L	X	Z	C	X	T	W	D	F	O	M	P	Q	R	M	T	D	S	E	V	X
L	P	A	R	T	Y	J	O	G	U	R	T	P	O	R	T	M	O	N	E	E	P	A	N	T	E	R	F
M	N	O	P	Q	R	S	T	U	V	W	X	Y	Z	A	B	C	D	D	H	E	X	Z	Y	D	E	K	A

- Schreibe die gefundenen Wörter hier auf und versuche herauszufinden aus welcher Sprache sie stammen:

Party (engl.-amerik.)

Schon ist er im Feld. Die Hasen fliehn.
Einen Wanderer sieht man
des Weges ziehn.

Sehr heftig erschrickt
der Wandersmann.
Die Töpfersfrau geht still voran.

Zuweilen fällt das Topfgeschirr,
Und dann zerbricht es mit großem
Geklirr.

Lösungen:

A	L	C	D	E	L	F	G	B	N	Z	G	K	K	L	M	O	N	L	Z	N	P	Q	R	S	A	O	Z
B	D	E	L	F	I	N	N	S	N	U	G	A	T	T	K	A	R	T	O	N	P	K	O	R	A	N	N
C	K	X	X	Q	Z	S	X	P	C	L	F	P	H	R	E	G	S	K	R	M	Q	A	S	K	N	B	P
D	Ä	A	Y	A	Q	A	P	A	M	D	N	G	Q	K	T	T	H	U	L	T	N	R	Y	M	T	L	Z
E	N	P	O	N	Y	X	C	G	I	R	O	Z	S	K	S	O	N	D	E	V	Z	A	X	V	C	Y	Q
F	G	F	C	A	Z	O	F	E	B	F	D	T	H	I	C	V	W	X	Y	W	K	M	I	N	E	B	W
G	U	A	A	D	D	F	D	T	W	C	U	G	Y	L	H	C	Z	B	D	L	H	E	F	D	W	Y	R
H	R	C	C	K	L	O	G	T	Z	V	Q	X	M	N	U	L	D	K	G	F	G	L	H	X	G	C	Z
J	U	K	K	N	O	N	H	I	Y	P	O	R	S	V	P	F	N	H	S	N	R	L	O	T	S	E	G
K	P	P	Q	Z	Y	O	L	X	Z	C	X	T	W	D	F	O	M	P	Q	R	M	T	D	S	E	V	X
L	P	A	R	T	Y	J	O	G	U	R	T	P	O	R	T	M	O	N	E	E	P	A	N	T	E	R	F
M	N	O	P	Q	R	S	T	U	V	W	X	Y	Z	A	B	C	D	D	H	E	X	Z	Y	D	E	K	A

Party (engl.-amerik.)

Delfin (griech.)

Känguru (austral.)

Pony (engl.)

Saxofon (z.T. griech.)

Spagetti (ital.)

Karton (lat.-franz.)

Ketschup (malai.-engl.)

Sonde (franz.)

Koran (arab.)

Karamell (franz.)

Mine (franz.)

Lotse (engl.)

Jogurt (türk.)

Portmonee (franz.)

Panter (griech.)

Nugat (franz.)

Giro (ital.)

2 mögliche Schreibweisen

Puzzleteile

Spielplan

Photograph	15	Ketschupp	1	Delphin	12	Frisör	4	Mayonäse	14
Fotograf	3	Ketschup	6	Dellfin	10	Friseur	5	Majonäse	18
Photograf	12	Ketchup	13	Delfin	13	Friesör	3	Mayonaise	10
Sauce	6	Jachd	2	Mikrofon	12	Nughat	6	Jogurt	4
Soße	7	Yacht	14	Miekrofon	20	Nougat	14	Joghurt	5
Sosse	13	Jacht	17	Mikrophon	3	Nugat	11	Joggurt	9
Pannter	4	Shrimp	15	Varietee	11	Schenke	19	Schikoree	15
Panther	7	Schrimpp	17	Varieté	2	Chenke	15	Chicorée	17
Panter	1	Schrimp	9	Wariete	5	Schänke	16	Schikore	19
Spagetti	18	Grafick	8	circa	9	Portemone	16	Sketsch	8
Spaggetti	11	Grafik	1	zirka	2	Portemonnaie	17	Scetsch	18
Spaghetti	8	Graphik	10	cirka	7	Portmonee	3	Sketch	16

- Bestimme die beiden richtigen Schreibweisen der Wörter auf dem Spielplan!
- Schneide die Puzzleteile aus!
- Ordne nach den Schlüsselzahlen des **falschen Wortes** die Puzzleteile auf dem Spielplan!
- Selbstkontrolle: Lösungsbild!
- Schreibe alle richtigen Wörter in dein Heft!

Aus: Krampe/Mittelmann: Rechtschreibspiele ab Klasse 6
Auer Verlag GmbH, Donauwörth · Als Kopiervorlage freigegeben

Lösungen:

Spielplan

Photograph	15	~~Ketschupp~~	***1***	***Delphin***	12	***Frisör***	4	~~Mayonäse~~	***14***
Fotograf	3	***Ketschup***	6	~~Dellfin~~	***10***	***Friseur***	5	***Majonäse***	18
~~Photograf~~	***12***	***Ketchup***	13	***Delfin***	13	~~Friesör~~	***3***	***Mayonaise***	10
Sauce	6	~~Jachd~~	***2***	***Mikrofon***	12	~~Nughat~~	***6***	***Jogurt***	4
Soße	7	***Yacht***	14	~~Miekrofon~~	***20***	***Nougat***	14	***Joghurt***	5
~~Sosse~~	***13***	***Jacht***	17	***Mikrophon***	3	***Nugat***	11	~~Joggurt~~	***9***
~~Pannter~~	***4***	***Shrimp***	15	***Varietee***	11	***Schenke***	19	***Schikoree***	15
Panther	7	~~Schrimpp~~	***17***	***Varieté***	2	~~Chenke~~	***15***	***Chicorée***	17
Panter	1	***Schrimp***	9	~~Wariete~~	***5***	***Schänke***	16	~~Schikore~~	***19***
Spagetti	18	~~Grafick~~	***8***	***circa***	9	~~Portemone~~	***16***	***Sketsch***	8
~~Spaggetti~~	***11***	***Grafik***	1	***zirka***	2	***Portemonnaie***	17	~~Scetsch~~	***18***
Spaghetti	8	***Graphik***	10	~~cirka~~	***7***	***Portmonee***	3	***Sketch***	16

Satzschlusszeichen: Punkt, Fragezeichen, Ausrufezeichen

- Wo endet im folgenden Text jeweils der Satz?
- Setze hinter das letzte Wort jedes Satzes das richtige Schlusszeichen!
- Hänge hinter die Zahlen unter jedem letzten Wort eines Satzes bei einem folgenden Punkt eine 1,
  bei einem Fragezeichen eine 2,
  bei einem Ausrufezeichen eine 3 an,
  und verbinde die entsprechenden Punkte im Bildteil!
- Selbstkontrolle: vollständiges Bild!
- Schreibe den ganzen Text auch in dein Heft in Groß- und Kleinschreibung mit allen Satzzeichen!

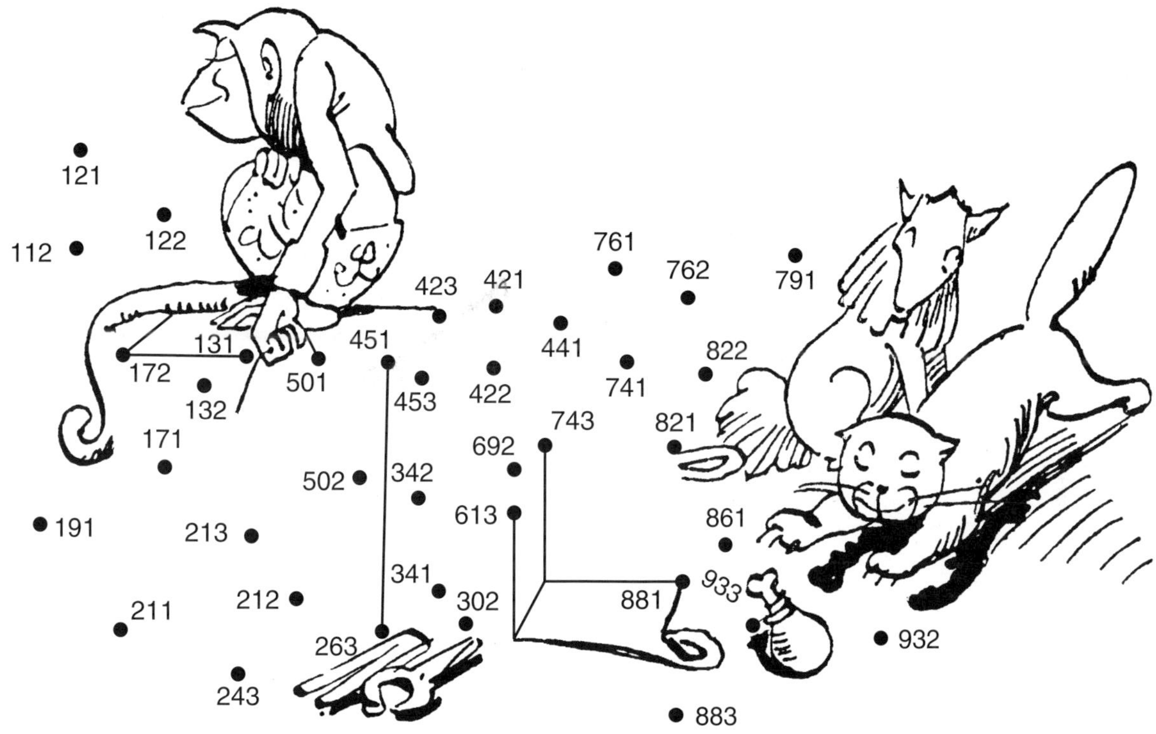

Zu einem Losverkäufer kommt ein ***Mann.*** Der fragt: „Kann ich das Los 48 ***haben?***“ DER
10 11 12 ***131*** 14 15 16 ***172***

LOSVERKÄUFER REAGIERT NICHT SOFORT DA SCHREIT DER MANN: „ICH WILL SOFORT DIE
18 19 20 21 22 23 24 25

NUMMER 48“ DER LOSVERKÄUFER WILL WISSEN, WARUM ES DENN GERADE DIE 48 SEIN MUSS
26 27 28 29 30 31 32 33 34

DA SCHREIT DER MANN WIEDER: „DAS GEHT SIE NICHTS AN“ ER NIMMT DAS LOS 48 UND GEHT
35 36 37 38 39 40 41 42 43 44 45

TATSÄCHLICH GEWINNT BEI DER NÄCHSTEN ZIEHUNG DAS LOS 48 ALS SICH DER MANN DEN
46 47 48 49 50 51 52 53

GEWINN ABHOLT, FRAGT IHN DER LOSVERKÄUFER: „NUN SAGEN SIE ES SCHON WOHER HABEN SIE
54 55 56 57 58 59 60 61 62 63 64

GEWUSST, DASS DIE NUMMER 48 GEWINNEN WIRD“ DER MANN ANTWORTET: „NICHTS LEICHTER
65 66 67 68 69 70 71 72

ALS DAS IN DER NACHT ZUVOR HATTE ICH IMMER WIEDER DEN GLEICHEN TRAUM IMMER WIEDER
73 74 75 76 77 78 79 80 81 82 83 84

STAND DIE AUFGABE 8 X 7 VOR MIR DA WUSSTE ICH: DIE GLÜCKSZAHL IST 48“
85 86 87 88 89 90 91 92 93

Aus: Krampe/Mittelmann: Rechtschreibspiele ab Klasse 6
Auer Verlag GmbH, Donauwörth · Als Kopiervorlage freigegeben

Lösungen:

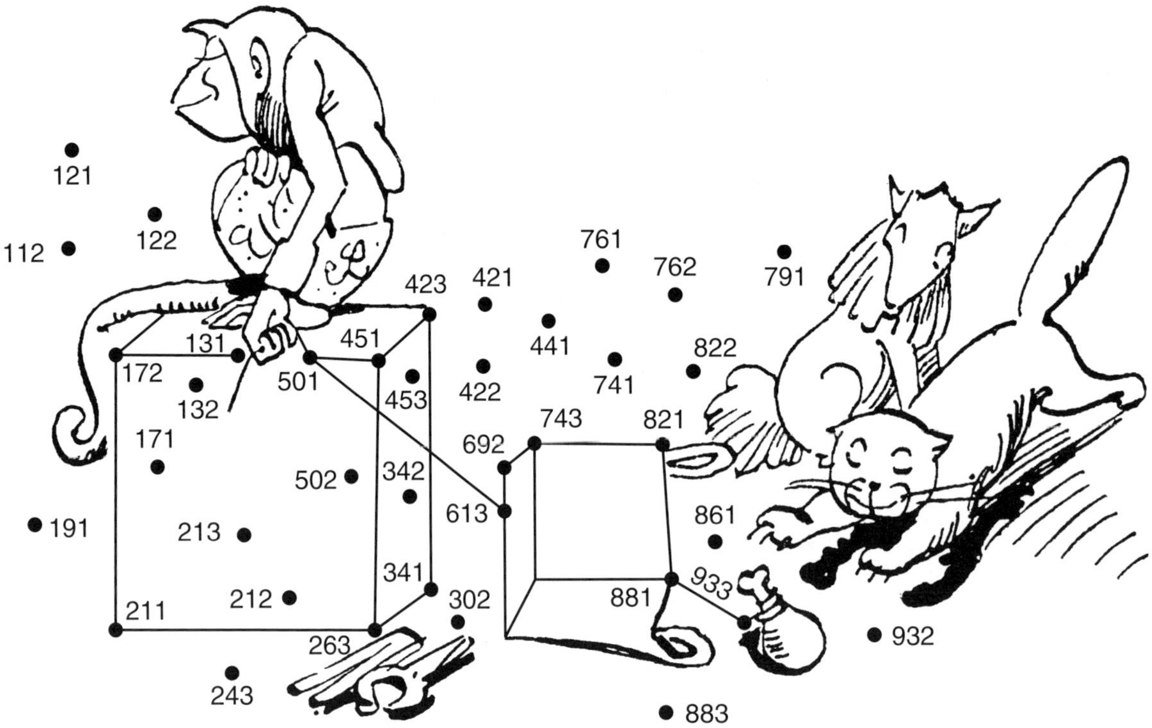

Zu einem Losverkäufer kommt ein ***Mann.*** Der fragt: „Kann ich das Los 48 ***haben?***“ Der
10 11 12 ***131*** 14 15 16 ***172***

Losverkäufer reagiert nicht ***sofort.*** Da schreit der Mann: „Ich will sofort die
18 19 20 ***211*** 22 23 24 25

Nummer ***48!***“ Der Losverkäufer will wissen, warum es denn gerade die 48 sein ***muss.***
263 27 28 29 30 31 32 33 ***341***

Da schreit der Mann wieder: „Das geht Sie nichts ***an!***“ Er nimmt das Los 48 und ***geht.***
35 36 37 38 39 40 41 ***423*** 43 44 ***451***

Tatsächlich gewinnt bei der nächsten Ziehung das Los ***48.*** Als sich der Mann den
46 47 48 49 ***501*** 51 52 53

Gewinn abholt, fragt ihn der Losverkäufer: „Nun sagen Sie es ***schon!*** Woher haben Sie
54 55 56 57 58 59 60 ***613*** 62 63 64

gewusst, dass die Nummer 48 gewinnen ***wird?***“ Der Mann antwortet: „Nichts leichter
65 66 67 68 ***692*** 70 71 72

als ***das!*** In der Nacht zuvor hatte ich immer wieder den gleichen ***Traum***. Immer wieder
73 ***743*** 75 76 77 78 79 80 81 ***821*** 83 84

stand die Aufgabe 8 x 7 vor ***mir.*** Da wusste ich: Die Glückszahl ist ***48!***“
85 86 87 ***881*** 89 90 91 92 ***933***

Komma, Anführungszeichen

- Entscheide, welche Satzzeichen richtig sind und trage die zugehörenden Zahlen ein!
- Im Schlüssel zu den Zahlen die Wörter suchen und diese unter den 3 Bildern fortlaufend eintragen.
- Selbstkontrolle: Lösungsspruch!
- Schreibe die Geschichte mit der richtigen Zeichensetzung in dein Heft!

Der Lehrer berichtet [7] *(Komma: 1/**kein Komma: 7**/beides möglich: 5)* im Biologieunterricht von Insekten [ ] *(Komma: 4/kein Komma: 10/beides möglich: 8)* deren Leben [ ] *(Komma: 2/kein Kommma: 8/beides möglich: 6)* nur einen Tag dauert.
Otto hebt den Arm [ ] *(Komma: 12/kein Komma: 14/beides möglich: 1)* und der Lehrer ist neugierig [ ] *(Komma: 10/kein Komma: 11/beides möglich: 5)* was er wieder wissen möchte.
[ ] *(Anführungszeichen: 16/kein Anführungszeichen: 15)* Nun [ ] *(Komma: 12/kein Komma: 1/beides möglich: 3)* Otto [ ] *(Komma: 3/kein Komma: 4/beides möglich: 5)* was wolltest du denn fragen?
[ ] *(Anführungszeichen: 12/Anführungszeichen und Komma: 11)* meint er.
[ ] *(Anführungszeichen: 10/kein Anführungszeichen: 3)* Fragen [ ] *(Komma: 8/kein Komma: 9)* will ich nichts [ ] *(Komma: 13/kein Komma: 12/beides möglich: 8)* Herr Lehrer [ ] *(Komma: 2/ kein Komma: 13/beides möglich: 14)* ich wollte nur sagen [ ] *(Komma: 18/kein Komma: 2/beides möglich: 7)* dass diese Insekten [ ] *(Komma: 17/kein Komma: 14/beides möglich: 11)* also ihr ganzes Leben lang [ ] *(Komma: 3/kein Komma: 5/beides möglich: 10)* Geburtstag haben![ ] *(Anführungszeichen: 17/kein Anführungszeichen: 15)*
Wer [ ] *(Komma: 4/kein Komma: 15/beides möglich: 11)* hat wohl die Lacher [ ] *(Komma: 13/kein Komma: 6/beides möglich: 2)* auf seiner Seite?

Schlüssel:

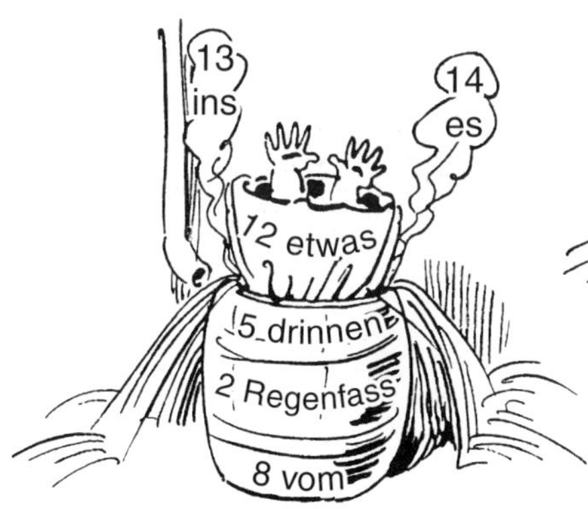

Lösung:

Jette ____ ________ ______   ______ _____ ______   _____ _____ ______
__________, _____   _____ __________,   ______ ______ ______.
_____ ______ __________.

Lösungen:

Der Lehrer berichtet **7** *(Komma: 1/**kein Komma: 7**/beides möglich: 5)* im Biologieunterricht von Insekten **4** *(**Komma: 4**/kein Komma: 10/beides möglich: 8)* deren Leben **8** *(Komma: 2/**kein Kommma: 8**/beides möglich: 6)* nur einen Tag dauert.

Otto hebt den Arm **1** *(Komma: 12/kein Komma: 14/**beides möglich: 1**)* und der Lehrer ist neugierig **10** *(**Komma: 10**/kein Komma: 11/beides möglich: 5)* was er wieder wissen möchte.

16 *(**Anführungszeichen: 16**/kein Anführungszeichen: 15)* Nun **12** *(**Komma: 12**/kein Komma: 1/beides möglich: 3)* Otto **3** *(**Komma: 3**/kein Komma: 4/beides möglich: 5)* was wolltest du denn fragen? **11** *(Anführungszeichen: 12/**Anführungszeichen und Komma: 11**)* meint er.

10 *(**Anführungszeichen: 10**/kein Anführungszeichen: 3)* Fragen **9** *(Komma: 8/**kein Komma: 9**)* will ich nichts **13** *(**Komma: 13**/kein Komma: 12/beides möglich: 8)* Herr Lehrer **2** *(**Komma: 2**/ kein Komma: 13/beides möglich: 14)* ich wollte nur sagen **18** *(**Komma: 18**/kein Komma: 2/beides möglich: 7)* dass diese Insekten **14** *(Komma: 17/**kein Komma: 14**/beides möglich: 11)* also ihr ganzes Leben lang **5** *(Komma: 3/**kein Komma: 5**/beides möglich: 10)* Geburtstag haben! **17** *(**Anführungszeichen: 17**/kein Anführungszeichen: 15)*

Wer **15** *(Komma: 4/**kein Komma: 15**/beides möglich: 11)* hat wohl die Lacher **6** *(Komma: 13/ **kein Komma: 6**/beides möglich: 2)* auf seiner Seite?

Schlüssel:

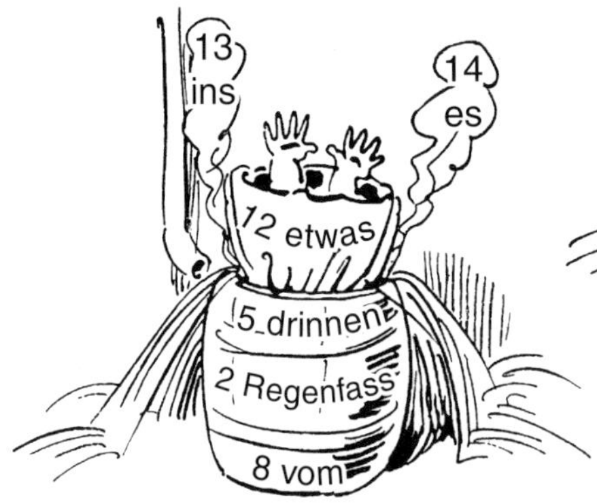

Lösung:

Jette schwebt vom Fensterrand, sie ist etwas angebrannt.

Doch sie sinkt ins Regenfass,

wo es drinnen kühl und nass.

Zeichensetzung bei wörtlicher Rede

- Setze die richtigen Satzzeichen! Beachte, dass der Satzanfang groß geschrieben wird!
- Das geht am besten, wenn du den **Text** richtig in dein **Heft schreibst**.

In der Schule wird über Umweltfragen gesprochen**.** *Der Lehrer will von Peter wissen was*
10 11 12 13 14 15 ***160*** 17 18 19 20 21 22 23

weißt du über die Verschmutzung der Meere sie hat zugenommen meint Peter woran kann
24 25 26 27 28 29 30 31 32 33 34 35 36 37

man das erkennen fragt der Lehrer weiter an den Fischdosen ruft Peter ohne zu zögern wie
38 39 40 41 42 43 44 45 46 47 48 49 50 51 52 53

kommst du darauf meint da der Lehrer erstaunt als ich gestern Abend eine Dose aufmachte
54 55 56 57 58 59 60 61 62 63 64 65 66 67 68

gibt Peter Auskunft war alles voller Öl und die Fische waren tot
69 70 71 72 73 74 75 76 77 78 79 80

- Lösungskontrolle:
  Wenn du ein Satzzeichen gesetzt hast:
  Hänge an die Wortnummer eine Ziffer an: bei folgendem . → 0
  bei folgendem ." → 1
  bei folgendem ?" → 2
  bei folgendem ?", → 3
  bei folgendem !", → 4
  bei folgendem ", → 5
  bei folgendem : → 6
  bei folgendem , → 7
  bei vorausgehendem „ → 8.

- Suche die so gebildeten Zahlen in den Feldern und male die entsprechenden Felder mit einer Farbe an.
  Du erhältst ein **Lösungswort**!

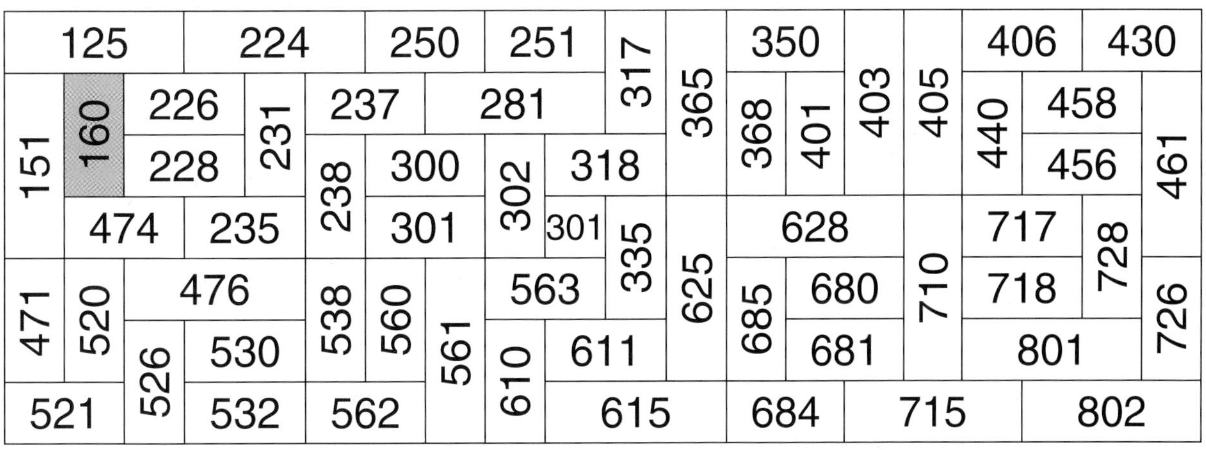

Aus: Krampe/Mittelmann: Rechtschreibspiele ab Klasse 6
Auer Verlag GmbH, Donauwörth · Als Kopiervorlage freigegeben

Lösungen:

In der Schule wird über Umweltfragen gesprochen**.** ***D****er Lehrer will von Peter wissen:* ***„W****as*
10 11 12 13 14 15 ***160*** 17 18 19 20 21 ***226*** ***238***

weißt du über die Verschmutzung der Meere***?“*** ***„S****ie hat zugenommen****“,*** meint Peter**.** ***„W****oran*
24 25 26 27 28 29 ***302*** ***318*** 32 ***335*** 34 ***350*** ***368***

kann man das erkennen***?“,*** fragt der Lehrer weiter**.** ***„A****n den Fischdosen****!“,*** ruft Peter ohne zu
37 38 39 ***403*** 41 42 43 ***440*** ***458*** 46 ***474*** 48 49 50 51

zögern**.** ***„W****ie kommst du darauf****?“,*** meint da der Lehrer erstaunt**.** ***„A****ls ich gestern Abend*
520 ***538*** 54 55 ***563*** 57 58 59 60 ***610*** ***628*** 63 64 65

eine Dose aufmachte“, gibt Peter Auskunft, „war alles voller Öl und die Fische waren tot.“
66 67 ***685*** 69 70 ***717*** ***728*** 73 74 75 76 77 78 79 ***801***

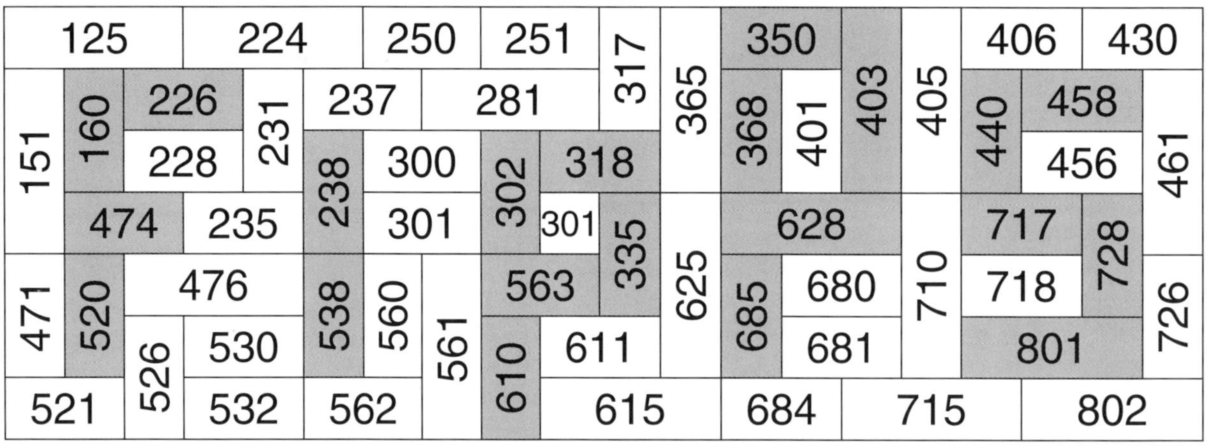

Lösungswort: ***Fipps***

Zeichensetzung (gemischt)

- Im Text ist jeweils eines der angegebenen Zeichen richtig.
- Entscheide welches, trage gegebenenfalls das Zeichen ein und verbinde dann entsprechende Zahlen im obigen Bild mit geraden Linien (Lineal)!
- Selbstkontrolle: Bildmotiv!
- Schreibe den ganzen Text mit der richtigen Zeichensetzung in dein Heft!

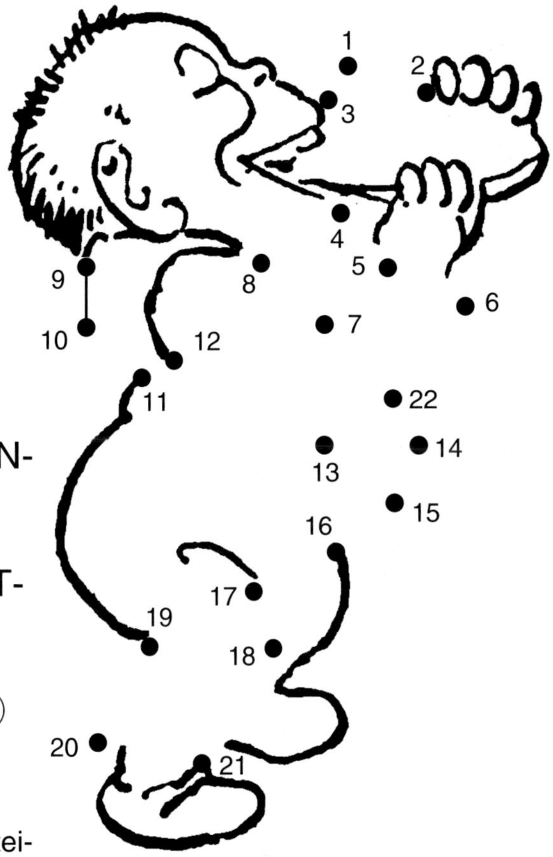

Da steht auch Dümmels kleiner Sohn
Mit dem Butterbrot – Fipps hat es schon.

DA STEHT AUCH DÜMMELS ◯ (Komma: 4–5, ***kein Komma: 9–10***) KLEINER SOHN ◯ (Komma: 2–3, kein Komma: 22–14) MIT DEM BUTTERBROT ◯ (Punkt: 19–20, kein Punkt: 8–12) FIPPS HAT ES SCHON ◯ (Punkt: 1–2, kein Punkt: 10–12) DES KLEINEN DÜMMELS ◯ (Komma: 12–16, kein Komma: 5–7) DURCHDRINGENDER SCHREI ◯ (Komma: 11–14, kein Komma: 16–17) LOCKT SEINE ERSCHROCKENE MUTTER HERBEI ◯ (Punkt: 20–21–18, kein Punkt: 14–16) MIT DEN SCHRECKENSWORTEN ◯ (Doppelpunkt: 12–16, Anführungsstriche: 11–12, beides: 4–8–7) DA KUMMT DE DÜBEL ◯ (Ausrufungszeichen: 7–13–12, Anführungsstriche: 5–8–12, beides: 6–14. Ausrufungszeichen und Anführungsstriche und Komma: 14–15–16) FÄLLT SIE IN EINEN DASTEHENDEN KÜBEL ◯ (Punkt: 1–3, Komma: 7–16, Anführungsstriche: 6–14) DOCH DÜMMEL SCHREIT ◯ (Komma: 8–13, kein Komma: 10–11) UND KENNT IHN GLEICH WIEDER ◯ (Doppelpunkt: 11–16–15, Anführungsstriche: 7–17, beides: 17–18) DAT IS DE VERDAMTIGE HAARESNIEDER ◯ (Ausrufungszeichen: 6–14–15, Anführungsstriche: 18–19, beides: 5–6) SCHNELL FASST ER DIE FLINTE ◯ (Komma: 12–13, kein Komma: 16–18) EIN SCHIEßEDING ◯ (Komma: 6–22, kein Komma: 19–21) WAS DA SEIT ANNO FÜNFZEHN HING ◯ (Punkt: 13–22, kein Punkt: 11–15–14, Anführungsstriche: 2–4).

Lösungen:

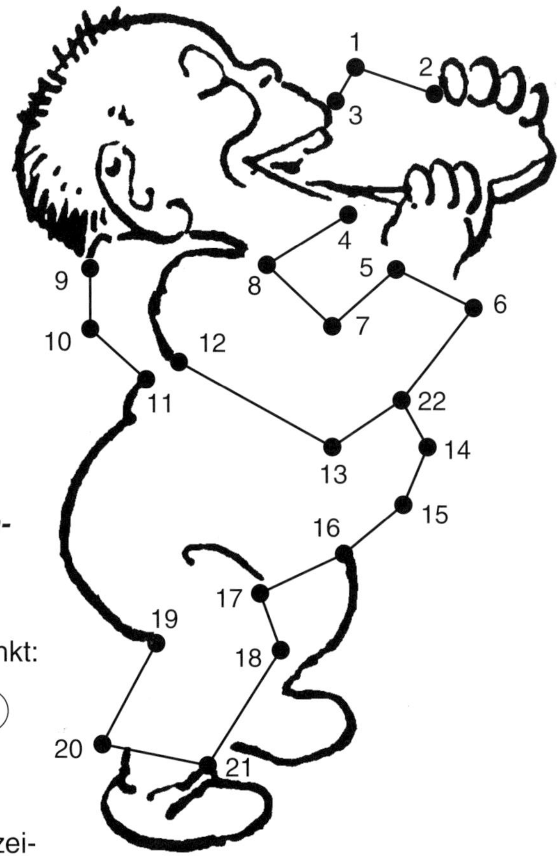

DA STEHT AUCH DÜMMELS ◯ (Komma: 4–5, ***kein Komma: 9–10***) KLEINER SOHN ◯ (Komma: 2–3, ***kein Komma: 22–14***) MIT DEM BUTTERBROT (.) (***Punkt: 19–20***, kein Punkt: 8–12) FIPPS HAT ES SCHON (.) (***Punkt: 1–2***, kein Punkt: 10–12) DES KLEINEN DÜMMELS ◯ (Komma: 12–16, ***kein Komma: 5–7***) DURCHDRINGENDER SCHREI ◯ (Komma: 11–14, ***kein Komma: 16–17***) LOCKT SEINE ERSCHROCKENE MUTTER HERBEI (.) (***Punkt: 20–21–18***, kein Punkt: 14–16) MIT DEN SCHRECKENSWORTEN (:„) (Doppelpunkt: 12–16, Anführungsstriche: 11–12, ***beides: 4–8–7***) DA KUMMT DE DÜBEL (!“,) (Ausrufungszeichen: 7–13–12, Anführungsstriche: 5–8–12, beides: 6–14. ***Ausrufungszeichen und Anführungsstriche und Komma: 14–15–16***) FÄLLT SIE IN EINEN DASTEHENDEN KÜBEL (.) (***Punkt: 1–3***, Komma: 7–16, Anführungsstriche: 6–14) DOCH DÜMMEL SCHREIT ◯ (Komma: 8–13, ***kein Komma: 10–11***) UND KENNT IHN GLEICH WIEDER (:„) (Doppelpunkt: 11–16–15, Anführungsstriche: 7–17, ***beides: 17–18***) DAT IS DE VERDAMTIGE HAARESNIEDER (!“) (Ausrufungszeichen: 6–14–15, Anführungsstriche: 18–19, ***beides: 5–6***) SCHNELL FASST ER DIE FLINTE (,) (***Komma: 12–13***, kein Komma: 16–18) EIN SCHIEßEDING (,) (***Komma: 6–22***, kein Komma: 19–21) WAS DA SEIT ANNO FÜNFZEHN HING (.) (***Punkt: 13–22***, kein Punkt: 11–15–14, Anführungsstriche: 2–4).

Rechtschreibfehler erkennen

Wort-„Paare“ – Welches Wort ist richtig geschrieben?
Oder sind beide Schreibweisen erlaubt (2 unterschiedliche Bedeutungen)?

Start – Kauboy – mehr – Vieh – Feife – Boote – Cowboy – Pfeife – Fieh – Meer – **noch einmal würfeln** – Bote – stop – Geste – stopp – Gäste – **zurück zum Start** – lauwarm – Tip – Seite – Tipp – **einmal aus-setzen** – lau warm – Saite – Pul – Pool – **noch einmal würfeln** – Litter – Priemel – Felle – Fälle – Primel – Liter – **einmal aus-setzen** – Rad – Gewähr – Gewehr – Halz – Hals – Raad – **Ziel**

Spielregeln:

- Je Spieler eine Spielfigur auf das Startfeld setzen!
- Abwechselnd würfeln und vorrücken.
- Wenn das Wort richtig geschrieben ist: stehen bleiben!
- Ist das Wort falsch geschrieben: bis zum korrekten Wort vor- oder zurücksetzen!
- Ziel genau erreichen!

Zwei nur finden's nicht am Platze:
Schnipps der Hund und Gripps die Katze,
Die nicht ohne Mißvertrauen
Diesen neuen Gast beschauen.

Lösungen:

~~Kauboy~~	→	*Cowboy*
~~Fieh~~	→	*Vieh*
~~Feife~~	→	*Pfeife*
~~stop~~	→	*stopp*
~~lau warm~~	→	*lauwarm*
~~Tip~~	→	*Tipp*
~~Pul~~	→	*Pool*
~~Litter~~	→	*Liter*
~~Priemel~~	→	*Primel*
~~Raad~~	→	*Rad*
~~Halz~~	→	*Hals*

mehr,	*Meer*
Boote,	*Bote*
Geste,	*Gäste*
Seite,	*Saite*
Felle,	*Fälle*
Gewähr,	*Gewehr*

Rechtschreibfehler erkennen und vermeiden

- Schneide die Dominoteile („Tortenstücke") aus!
- Ordne die Dominoteile nach Wortverwandtschaften durch Ableiten und setze sie zu einem „Kuchen" zusammen!
- Ergänze die fehlenden Buchstaben und streiche die falschen durch!
- Selbstkontrolle: Bild in der Kreismitte!
- Schreibe die Wortpaare anschließend **richtig** in dein Heft!
- Tipp: Das Bild hilft bei der Lösung!

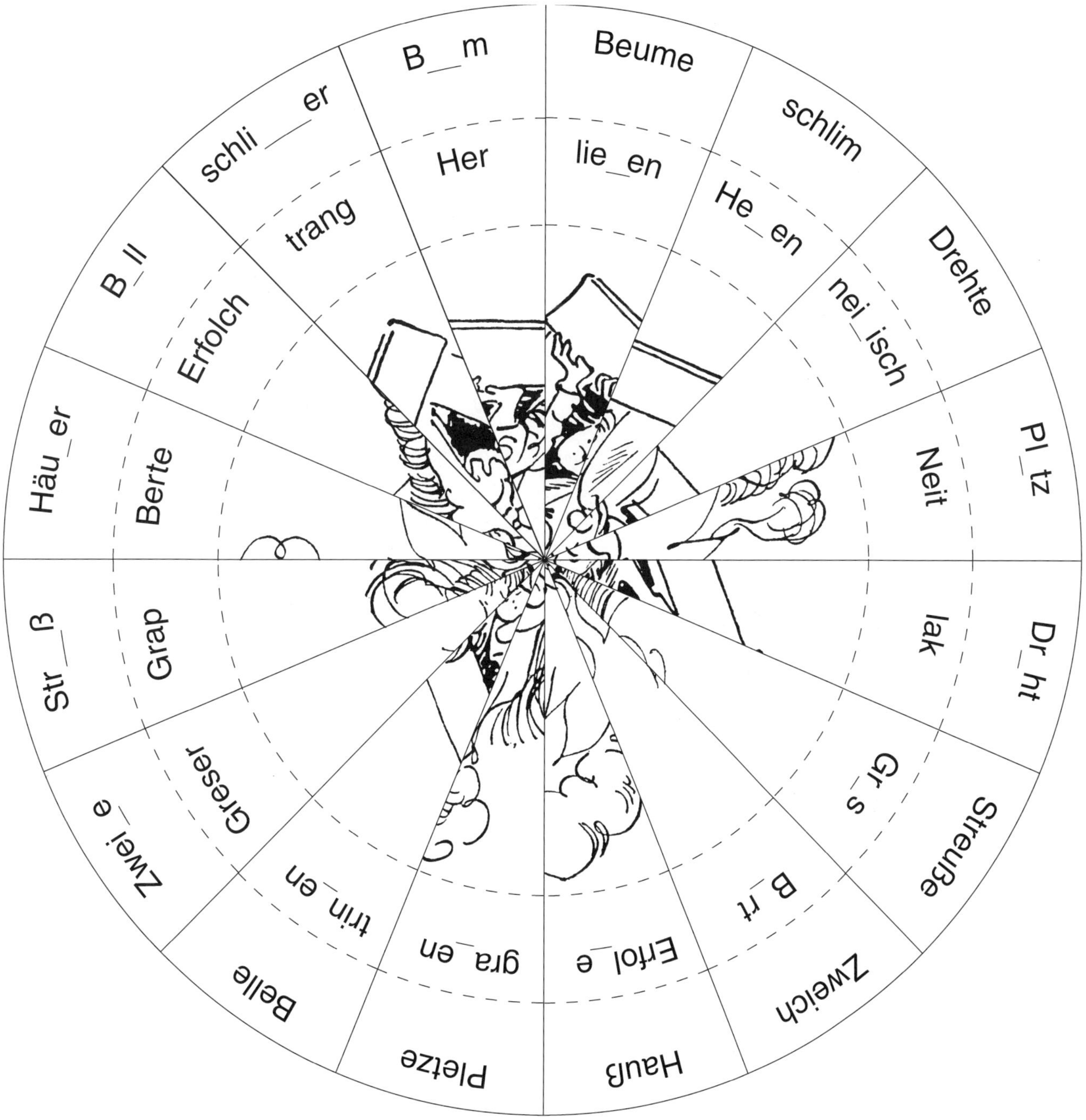

Seht nach oben! Fipps der Brave,
Hält das Kind, was fest im Schlafe.

Lösungen:

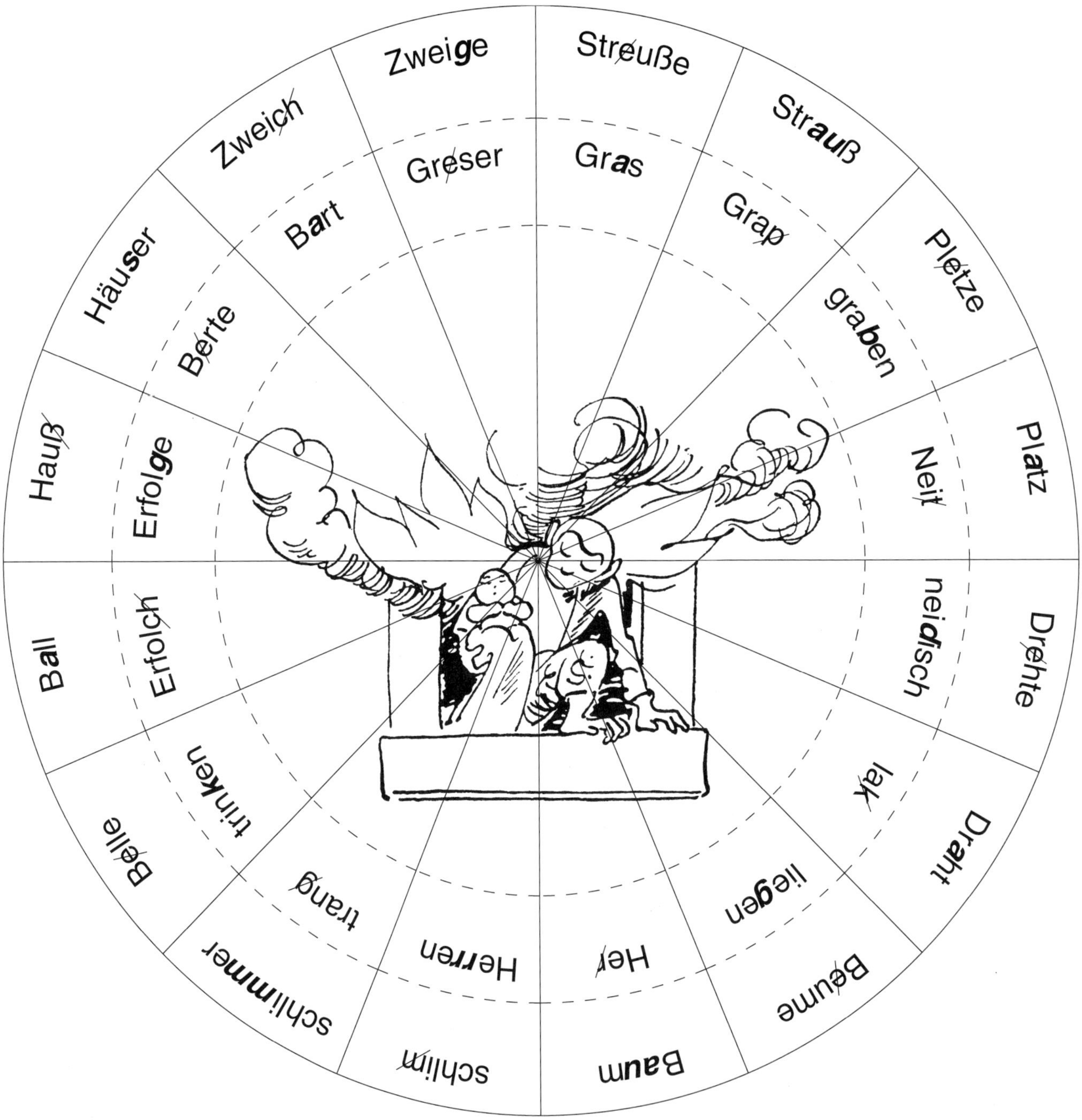
Streuße
Strauß
Pletze
Platz
Drehte
Draht
Beume
Baum
schlim
schlimmer
Belle
Ball
Hauß
Häuser
Zweich
Zweige
Gras
Grap
graben
Neit
neidisch
lak
liegen
Her
Herren
trang
trinken
Erfolch
Erfolge
Berte
Bart
Greser

Rechtschreibfehler erkennen und vermeiden

- Schneide die Dominoteile („Tortenstücke“) aus!
- Ordne die Dominoteile nach Wortverwandtschaften durch Ableiten und setze sie zu einem „Kuchen“ zusammen!
- Ergänze die fehlenden Buchstaben und streiche die falschen durch!
- Selbstkontrolle: Bild in der Kreismitte!
- Schreibe die Wortpaare anschließend **richtig** in dein Heft!
- Tipp: Das Bild hilft bei der Lösung!

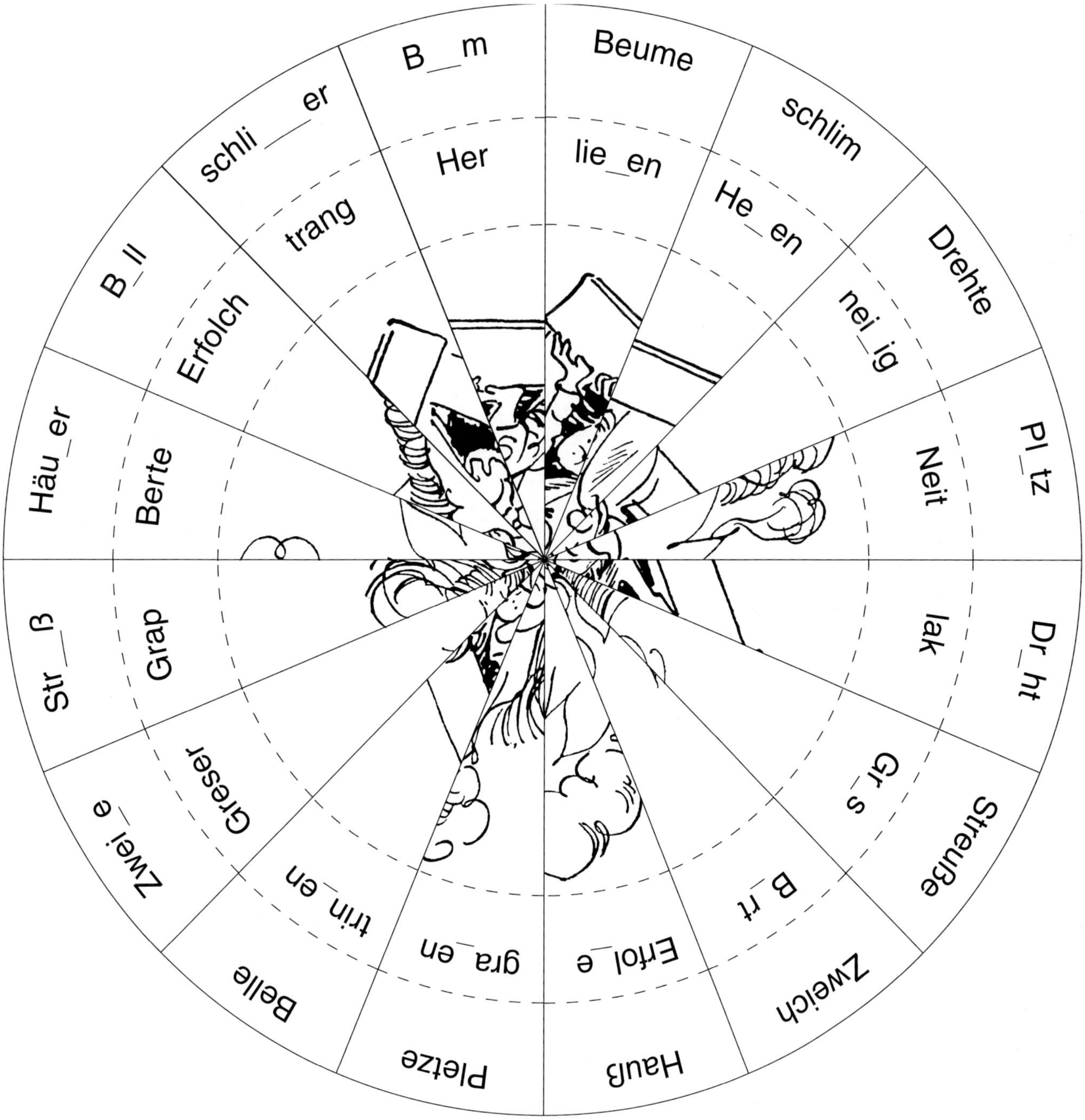

Seht nach oben! Fipps der Brave,
Hält das Kind, was fest im Schlafe.

Lösungen:

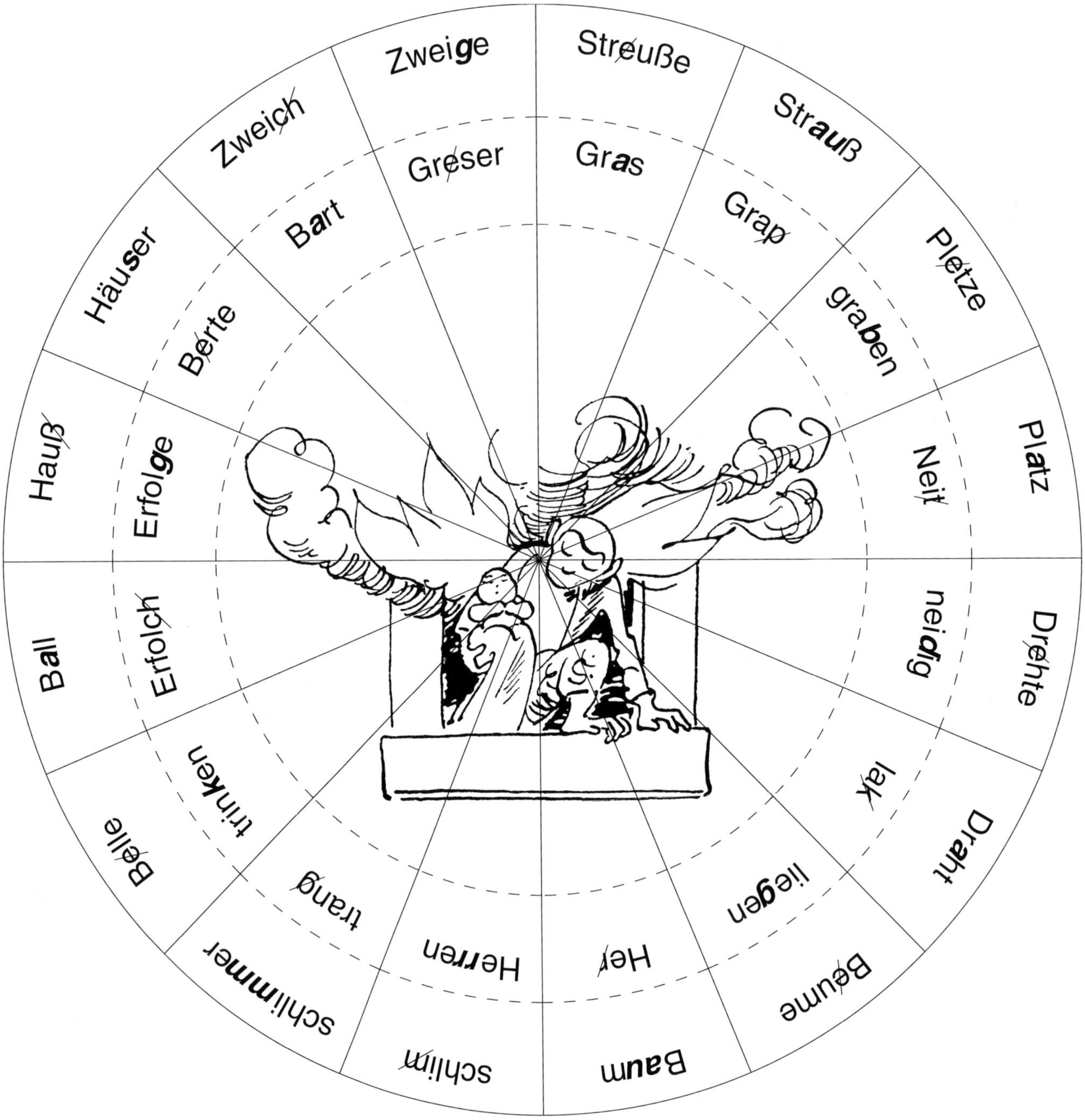

Zweige
Streuße
Zweich
Strauß
Greser
Gras
Bart
Grap
Häuser
Pletze
Berte
graben
Hauß
Erfolge
Neit
Platz
Ball
Erfolch
neidig
Drehte
trinken
lak
Belle
Draht
trang
liegen
schlimmer
Herren
Her
Beume
schlim
Baum

Rechtschreibfehler erkennen und berichtigen

- Hier ist einiges falsch geschrieben:

Dan get es: Wumm!
Großs ist der Knall nd der Rükwärtstoß,
dnn jarelang gin dise Flinte nich loss.
Wehe! Wehe! Dümmel zielte waker.
Ffipps mus sterben, weil er so ein Racker.
Man begrupb ihn hindten in der Ecke,
woo in Finkens Garten an der Heecke
die weißen Doldenblumen stehen.
Dort is, sagt man, noch sein Graab zu seihen.

- Schreibe die Geschichte ohne Fehler ab:

Dann

- Notiere die Buchstaben in großer Blockschrift, die du zum Verbessern des Textes benötigst oder welche du wegstreichen musst in der Reihenfolge des Textes:

N																					
10	17	4	9	16	5	12	19	13	14	6	15	18	1	22	3	11	8	20	7	21	2

- Notiere die Buchstaben nun entsprechend den vorgegebenen Zahlen:

															N																				.
1	2	3	3	4		2	5	6		7	8	6		9	**10**	11		11	2	12		13	14	15	16	17	2	18	19	6	20		21	9	22

- Selbstkontrolle: Lösungssatz zum Bild!

Aus: Krampe/Mittelmann: Rechtschreibspiele ab Klasse 6
Auer Verlag GmbH, Donauwörth · Als Kopiervorlage freigegeben

Lösungen:

Dann geht es: Wumm!
Groß ist der Knall und der Rückwärtsstoß,
denn jahrelang ging diese Flinte nicht los.
Wehe! Wehe! Dümmel zielte wacker.
Fipps muss sterben, weil er so ein Racker.
Man begrub ihn hinten in der Ecke,
wo in Finkens Garten an der Hecke
die weißen Doldenblumen stehen.
Dort ist, sagt man, noch sein Grab zu sehen.

Verbesserte Buchstaben:

N	*H*	*S*	*U*	*C*	*S*	*E*	*H*	*G*	*E*	*T*	*S*	*C*	*F*	*S*	*P*	*D*	*O*	*E*	*T*	*A*	*I*
10	17	4	9	16	5	12	19	13	14	6	15	18	1	22	3	11	8	20	7	21	2

Lösungsspruch:

F	*I*	*P*	*P*	*S*		*I*	*S*	*T*		*T*	*O*	*T*		*U*	*N*	*D*		*D*	*I*	*E*		*G*	*E*	*S*	*C*	*H*	*I*	*C*	*H*	*T*	*E*		*A*	*U*	*S.*
1	2	3	3	4		2	5	6		7	8	6		9	**10**	11		11	2	12		13	14	15	16	17	2	18	19	6	20		21	9	22